探索之路

——我的科学人生

周立伟 著

北京理工大学出版社
BEIJING INSTITUTE OF TECHNOLOGY PRESS

图书在版编目（CIP）数据

探索之路：我的科学人生／周立伟著. --北京：
北京理工大学出版社，2022.9（2023.6重印）
ISBN 978 - 7 - 5763 - 1686 - 5

Ⅰ.①探… Ⅱ.①周… Ⅲ.①周立伟—自传 Ⅳ.
①K826.16

中国版本图书馆 CIP 数据核字（2022）第 162017 号

出版发行／北京理工大学出版社有限责任公司
社　　址／北京市海淀区中关村南大街 5 号
邮　　编／100081
电　　话／（010）68914775（总编室）
　　　　　（010）82562903（教材售后服务热线）
　　　　　（010）68944723（其他图书服务热线）
网　　址／http：//www.bitpress.com.cn
经　　销／全国各地新华书店
印　　刷／廊坊市印艺阁数字科技有限公司　　　　责任编辑／陈莉华
开　　本／710 毫米×1000 毫米　1/16　　　　　　　　　　　　辛丽莉
印　　张／11.75　　　　　　　　　　　　　　　　文案编辑／陈莉华
字　　数／120 千字　　　　　　　　　　　　　　　　　　　　辛丽莉
版　　次／2022 年 9 月第 1 版　2023 年 6 月第 3 次印刷　责任校对／刘亚男
定　　价／49.00 元　　　　　　　　　　　　　　　责任印制／李志强

夫科学上成大事者，不唯有追求真理之激情，求索质疑之胆识，亦必有坚韧不拔之大志。

使静态与动态成像电子光学有一个较为完善的逻辑结构与理论体系是我研究工作的出发点和一生奋斗的目标。

周立伟

著 者 简 介

　　周立伟，1932 年 9 月生，浙江诸暨人，北京理工大学教授、博士生导师、首席专家，中国工程院院士，电子光学和光电子成像专家。1958 年北京工业学院仪器系毕业，1966 年在列宁格勒电工学院获苏联数学物理副博士学位。曾任教研室主任、校学术委员会主任、校科协主席、校基础教育学院名誉院长、北京光学学会理事长，国务院学位委员会学科评议组成员等职。

　　长期在宽束电子光学、光电子成像领域从事教学与科研工作。发表科学论文、科技报告、科普报告 300 余篇，学术专著 3 部与科普著作 5 部。培养博士生和硕士生 50 余人。专著《宽束电子光学》荣获 1994 年中国图书奖，1995 年国家图书奖（提名奖），1995 年全国优秀科技图书一等奖。科学成就曾获 1978 年全国科学大会奖，1980、1990、1995、1996 年兵器工业部科技进步一等奖与二等奖，1991 年光华科技基金奖一等奖，以及 1991、1995 年国家科技进步二等奖与三等奖。

　　1984 年被授予国家级有突出贡献的中青年专家称号，1992 年当选圣彼得堡工程院外籍院士，1996 年被授予全国兵器工业系统先进工作者荣誉称号，1997 年被俄罗斯萨玛拉国立航天大学授予名誉博士称号，1999 年当选中国工程院院士，2000 年当选俄罗斯联邦工程科学院外籍院士，2021 年荣任俄罗斯工程院外籍院士。

提要

　　本文叙述作者在一生科学研究中经历的漫长和艰难探索的一些体会，其内容谈及关于扁平线圈绕线车的发明，静电聚焦同心球系统成像电子光学的研究，复合电磁聚焦同心球系统成像电子光学的研究，曲轴成像电子光学研究与优化设计，以及动态成像电子光学理论的研究。最后谈及作者科学研究方法的心得与体会。

前言

我是周立伟，1932年9月生，浙江诸暨十四都藏绿村人，北京理工大学教授，中国工程院院士，俄罗斯联邦工程科学院外籍院士，俄罗斯工程院外籍院士。我于1958年从北京工业学院仪器系大学毕业后留校任教，从事光电子成像技术的教学与科学研究至今。1962年11月国家派我赴苏联留学，学习与夜视有关的电子光学理论与技术，这也是我国当时的急缺专业，国家希望留学生学成归国后开辟新的研究领域。但在那时学术界里流行的依然是细束电子光学那一套，且宽电子束成像电子光学的研究在苏联也是刚刚起步，仅个别人在探索，并无实质性的进展。导师因研究超高频电子光学难于指导，我不得不在列宁格勒电工学院（LETI）与谢德林图书馆独立地进行研究，一切成果的取得都是依靠自己摸索，这是一条布满荆棘的道路。1966年4月，我通过了苏联物理数学副博士学位论文答辩。

我是学工出身，因此数学物理底子一浅二薄。而我从事的专业是微光夜视技术、变像管和像增强器，研究领域是成像电子光学，它需要很强的数学物理基础。我从事的科学研究既要借鉴前人，又要高于前人；有理论上的创新和创造性，又要有实际应用器件与系统设计上的突破。我的科学工作可归结为：研究宽电子束聚焦，使成像电子光学形成一个较为完善的理论体系。

科学是有继承性的，我是学习俄、德、英等国电子光学学派及其著作和文献成长起来的。但科学主要的特点是创造性和求异性，我的成像电子光学研究博采众长，形成了独立的观点，具有与众不同的风格，被誉为"创立了一个科学学派"。

在谈成像电子光学理论的研究与探索之前，我先谈谈我中专毕业后在上海公私合营华通电机厂工作时发明扁平线圈绕线车的经历，这是我 20 岁初出茅庐时首次尝试科技发明。

目 录

一、关于扁平线圈绕线车的发明

　　1951 年 7 月，19 岁的我从国立上海高级机械职业学校（简称国立高机，现为上海理工大学）中专毕业，被分配到位于上海乍浦路的公私合营华通电机厂。1952 年初，我由技术科调到电表车间当技术员，协助车间主任王传燮师傅管理整个车间。那时，我是一个工作努力、学习勤奋、热爱生活、十分腼腆的男孩子。电表车间有上百号工人，其中大部分是青年女工，年龄和我差不多。整个车间就我和传燮师傅两个人管理，工作很杂，主要是管理上扯皮的事。我每天从早忙到晚，业务能力提高很快。在车间工作时，我的背后有靠山——王传燮师傅，他是技术高手，经验丰富，威望很高，我不会或不懂的地方就问他。

　　现在回忆起来，解放初的上海，技术员和工人之间的关系十分和谐，工厂管理上层非常愿意调动职工们的积极性，鼓励上上下下搞技术革新，提合理化建议等。工厂有一套奖励办法和制度，并有一个委员会专门审议。因此，厂里技术革新和提合理化建议的活动搞得热火朝天。

　　我所管理的电表车间有一个绕线组，专门制作各种电表（电压表、电流表、电度表等）上的线圈，其中绝大部分是旋转对称的圆柱线圈，可用绕线机绕。那时的绕圆柱线圈并没有全自动化，要靠人工摇动绕线机的手轮绕线的，但毕竟劳动强度不大，效率也比较高。可是，还有一些是扁平的单层线圈，用在 110 伏电压表的电阻片上，没法用绕线机绕，工人们使用手工慢慢地一圈一圈绕。因为没有机器辅助，全靠手工，效率很低，15 分钟才能绕一只。绕线组每天要 5 个人绕，才能供得上装配组的需要。更困难的是，因为要求漆包线排列紧密均匀，女工们必须时时刻刻观察所排列的漆包线的密集度，一刻也不能放松，劳动强度很大，视力也受到伤害。那时，我的同情心来了，心想，能否制作一个绕扁平线圈的绕线车，不仅是提高效率，更主要是使工人们的眼睛免受伤害。

当时，车间主任王传燮师傅告诉我，在现有的绕线车上进行扁平线圈绕线的尝试都失败了，因为无法使细密的漆包线一根一根紧密地排列在一起。我不禁对这个问题产生了思考，突然想到，为什么不用螺杆进动的原理呢？因为，转动螺杆使连接在螺杆上的物体前进或后退地运动，是机构学中最简单的原理。我想，完全可以利用螺杆螺旋的进动来排线。这就是说，利用螺杆的转动，把漆包线靠在螺杆的螺纹的牙上，螺杆转动时漆包线就随之进动，线就紧密地排列起来了。至于漆包线排列均匀紧密的问题只要选择适当的螺距和螺杆转动的速度就可以解决了。

我坚信利用螺杆进动排线的原理是可行的。这个创意得到了技术科的吴履梯主任、陈康德工程师以及车间主任王传燮师傅的支持，他们鼓励我进行试验。于是，我便尝试画出扁平线圈绕线车的总装图。首先要解决装夹扁平线圈电阻片夹具的问题。我想，夹具内一定要装弹簧片，使扁平线圈电阻片既转动平稳，装得牢固，又卸得容易。总的来说，装卸扁平线圈电阻片夹具以及绕线车底座的设计和制作并不十分困难。难的是选择什么样的螺杆能使靠在上面的漆包线进动，排列紧密。因为我的设计并不是厂里计划内的任务，设计完毕后，我便到各个车间找材料，请工人师傅帮忙给我额外加工。工人师傅听说我要搞扁平线圈绕线车，提高生产效率，解决工人眼睛疲劳损伤问题，纷纷伸出援助之手，帮我找材料、加工等。我先请师傅给我车了一根钢螺杆，后来发现钢的螺杆对漆包线有磨损，于是我选择一些较硬的木料请师傅车了几根不同螺距的螺杆来做试验。等到零件制作加工完成后，我便把绕线车的架子在底座上搭好，两端装上装卸夹具，并把螺杆与手轮以及搭配的齿轮等连上。我请绕线组组长乐生章师傅和我一起做试验。真想不到第一次做试验就基本上成功了，说明我设计的绕线车，其原理和构想是可行的，我和乐生章师傅非常高兴。后来，我根据提出的意见对扁平线圈绕线车进行了改进，又做了两次试验，都非常顺利。这样，我研制的扁平线圈绕线车很快就定型了，并推广到生产线上。试验表明，用新的绕线车绕一个扁平线圈，时间只需 2 分钟，这就是说，生产效率提高了 7.5 倍。原先要 5 个人绕线，现在只要 1 个人就足够了，而且质量比手工要好。更高兴的是，螺杆排线整齐美观，工人的眼睛不受伤害了，而手工排线，还有时松时密排列不均匀的问题。1952年 5、6 月间，上海有两家报纸对此专门作了报道，2011 年 3 月，上海图书馆给我查到了 1952 年 6 月 18 日的《劳动报》，报道了我在上海公私合营华通电机厂技术革新时发明扁平线圈绕线车提高了工效7.5 倍的事迹（图 1）。那时我不到 20 岁。

图 1　1952 年 6 月 18 日上海《劳动报》报道周立伟发明扁平线圈绕线车的事迹

当扁平线圈绕线车研究成功后，大家都觉得采用螺杆排线的创意很巧妙，构思很聪明，所研制的扁平线圈绕线车简单实用，众口称赞螺杆进动的创意，认为这是解决这个问题最好的方案。在扁平线圈绕线车没有出来之前，人们一筹莫展，不知如何是好；等研制出来后一看，仅用一根螺杆便解决了手工排线的问题，没有什么神奇啊！如此简单的原理和机械结构，那有什么稀奇啊！是啊，一点也不稀奇，众多的技术创新或发明创造都是这样的。

后来我读科学方法的书，才知道，我在这里实际采用了一种称为"简单类比"的方法。用在这里就是：当螺母套在螺杆上，若转动螺杆，螺母便会左右移动，这是机构学中最简单的原理。当然，漆包线搁在螺母或者螺杆的齿上，转动螺杆，漆包线也可左右前进了。实际，我在工厂每天见到的车床，利用螺杆的进动，车刀切削零件，这是在做减法；同样，扁平线圈绕线车，也是利用螺杆的进动，将漆包线绕到线圈支架上，这是在做加法。这是一种最简单的类比，原理是一样的，只不过是用在不同的地方罢了。这个道理平时别人注意不到，但是一拆穿，大家都明白了，原来是这样简单！我后来总结，这就是创新，也就是别人想不到的地方或者没有想到的地方，也许是最普通的地方，但你想到了，你提出来了，你实现了，因而你成功了。因此，创新并不神秘，也不一定复杂，有时就这么简单，关键在于是否专注和锲而不舍地努力。

扁平线圈绕线车诞生的例子说明，创新钟情有心的人，谁热烈追求，谁就有可能成功。而那时，年轻的我，并没有高深的学问和知识，只有中专学历。由此可见，创新，不论年龄大小，学问高下；也不是学历高、学问大的人的专利品，只有他们才有创新的资格，才能做出创新的成果。实际上，我们每个人都可以在自己的工作岗位上在现有文化的基础上发挥聪明才智，坚持不懈地探索，把想做的事情坚持做下去，就有可能有所发明，有所创造。当然，知识丰富、学问高深的人，思考的问题更深入，创新的成果会更大些。许多原创性的成果和科学成就都出自具有知识渊博的科学家和经验丰富的工程师之手。因此，想要成为创新的人，还是要多学习，多实践，使自己的学问更高些，思想更活跃些，能力更强些，办法更多些。

从我的这一发明来看，虽然我那时年轻，学问不多，根本不知道科学有方法，也不知道有"类比"的名词。但当我看到，车床切削零件的能力是在做减法，就立刻想到我将要设计的绕线车，它们的能力是一样的，不过是在做加法。我后来才知道"类比推理"的名词，所谓类比推理，就是根据两个或两类对象之间在某些方面的相似或相同而推出它们在其他方面也可能相似或相同的一种逻辑方法。这就是说，它是以别的事为出发点，来类似地考虑自己的事，这是人类获得新知识、新灵感的通常的方式，也是最好的方式。联想和类比是人的一种本能，是一种天生的能力。从事科技的人，若能把这种自发的才能转变为自觉的能力，灵活地应用，将会大有好处。

我认为，无论哪一类层次的创新，作为个人，在创造时，都需要知识、智慧和能力，更需要有好奇心以及勇于进取的精神气质。回想一下扁平线圈绕线车诞生的过程，这是一项极普通的技术创新，但它包含了创新的诸要素：我在国立高机学的机构学关于螺杆的基本"知识"是基础，由此联想思考出螺杆使漆包线进动的创意并将它应用于实践是"智慧"，设计和制作扁平线圈绕线车便需要"能力"，好奇心、锲而不舍努力实践是"精神"。知识、智慧、能力、精神，这就是个人进行创新时必须具备的四个基本要素，四者有机结合在一起，创新诞生了。

我的这一技术发明得到师哥、师姐们的称赞，他们都说我良心好，当看到女工们手工绕扁平线圈时的辛苦和对眼睛的伤害，有同情和怜悯之心，才有这一技术上的革新。这件事也大大拉近了我与工友们之间的距离，提高了我的声誉，得到了厂领导和技术科的表扬。在评定技术职称时使我连跳了3级，由二级助理技术员直接升到四级技术员。我的工资升到74.5元，再加上每个月有20多元的奖金，20世纪50年代初，我每个月收入有近百元，我那时候觉得自己真是发财了。

在扁平线圈绕线车的发明后，我工资大涨，心里非常高兴，我立刻跑去做了两套华达呢中山装，买了一块手表和一辆英国名牌自行车，还买了好多小说，父亲为此特意请人在家里打了一个书柜来装我的书。我还去上海南京路当时最高的 24 层国际饭店吃了一顿西餐，花了 1 元钱，算是开了洋荤。总之，那时我高兴得不知所以了。但是直到有一天，我得意洋洋，穿着笔挺的中山装到工厂上班时，发现，人们都盯着我看，目光异样。那时工厂有两位一级工程师，叫顺谷同和蒋公惠，都是中国电机界的大腕、技术权威，但他们和厂里的工程师或技术员一样，穿得十分朴素，不少人的衣服上都打了补丁。我当时才觉得，我这身打扮在厂里显摆，实在太可耻了。回家后我急忙脱下中山装，再也不穿了。上大学时，我带了这两套中山装，但从来没有穿过，因为实在太显眼了。20 世纪 50 年代刮"共产"风时，我的这两套中山装被同学们翻出来"共产"了。我很快就忘了这件事了，直到有一次 8531 班老同学聚会时，茅志成同学提起这件事，说我的中山装被"共产"了，我还很大方，一点也不心疼。

至于那辆英国出品的高级自行车，我每天骑着它上班，回家后怕被别人偷去，父亲就把它扛到 3 楼家中安放。那时我住的家，是上海市区南的一家旅馆改造的，住的人很多、很杂，楼道很狭窄，晚上很黑暗，上下行走要很小心。这栋楼实际和贫民窟差不多，许多人都戏称我住的地方为"72 家房客"（当时的一个电影名）。我家住 3 楼朝南，有 3 个小间，每间大约不到 10 平方米，有一个阁楼和靠街的阳台，在那时算是全楼最好的住家了。但屋内没有厨房，也没有卫生间和上下水。我记得，那时的上下楼道没有公共照明，每家自己在楼道上装一个小灯泡，便于自己的家人上下。若哪家没有自己的照明，就只能靠自己摸索上下了。在这样的条件下，我父亲每天要把我的自行车扛上、扛下。母亲对我不满意了，她说："你爸早上要把你自行车扛到楼下。晚上在楼下等候你，给你把车扛到家中，你想想，他多辛苦啊！"我顿时感觉自己实在太混了，我的快活是建立在父亲的辛苦之上的。隔了 2 天，我就把自行车转卖了，再也不骑自行车了，改乘公共汽车上班了。

至于那块手表，绝对是水货，没有几天表就停摆了。我便托人修，但转来转去就回不来了。

此外，还有一件事讲一下。有一天，工厂技术科领导、我的顶头上司吴履梯先生问我："你拿那么多钱怎么用啊？"我说："现在我家父亲工作，姐姐出嫁了，弟弟早在中华人民共和国成立前就当学徒工作了，家中没有要我交钱。"吴先生说："你小小年纪，不能这样。你的工资要交给你父母保存，你需要什么，再问他们要。"吴先生说得很对，我此后便把工资都交给母亲了。

这些是我年少时发生的一些插曲。回想那时，我的优点是有上进心，也有羞耻心，知错就改。

在这里，我顺便说一句，我从工厂出来上大学，毕业后留校当助教，出国留学获苏联物理数学副博士学位，后来当上教授，从50年代初到80年代初，历时30年，我的工资收入还没有达到在上海华通电机厂当技术员时的水平。

克鲁泡特金说："一个人只要一生中体验过一次科学创造的欢乐，就会终生难忘。"发明扁平线圈绕线车是我在科技发明上的首次尝试，现在回想起来当然是很幼稚的，但这段往事埋下了我对科学研究喜爱的种子。这也激励我向着更高目标前进。我下定决心，我要上大学，掌握更多的知识。1953年10月，我考上了北京工业学院，从此开始了我的科学探索之路。

二、关于静电聚焦同心球系统
成像电子光学的研究

　　1958 年 7 月，我从北京工业学院毕业留校当助教，从事光电子成像技术的教学与科研工作。我的研究领域是变像管与像增强器的电子光学。带电粒子光学是一个很宽泛的学科领域，有许多书籍和参考文献。1962 年 11 月，当我到苏联攻读研究生时，我几乎浏览了列宁格勒谢德林图书馆和苏联科学院图书馆收藏的有关电子光学的著作和文献。在 20 世纪 60 年代，复印机还没有发明，我也没有照相机，一切都靠手抄，进度很慢，但也很有收获。我一边做笔记，一边寻找和思考能上手的课题。有很长一段时间，我一直在科学的隧道中摸索前进，寻找通向光明的途径。虽然困难很大，但我没有气馁。

　　记得我在列宁格勒谢德林图书馆第一次做文献摘录的时候，在笔记本的封面上用俄文写下了这样几个单字：Воля + Терпение + Метод = Успех，即志气 + 耐心 + 方法 = 成功！这是我在苏联期间进行科学研究的座右铭。现在回想起来，当年我在列宁格勒谢德林图书馆埋头学习苏联各学派带电粒子光学的文献，也是颇有启发和收获的。

　　但是，在 20 世纪 60 年代初，无论是欧美或是苏联，关于成像电子光学的研究，都是刚刚起步，很不成熟。当时仅有的一些成像电子光学的论文，大都是仿照细束电子光学的套路来研究的，其重点还是研究三级几何横向像差。我清晰记得，那时有几篇文章给我深刻的印象，如德国的莱克纳格尔（A. Recknagel）（1941），英国的解根（P. Schagen）（1952），德国的卢斯卡（E. Ruska）（1933）苏联的阿尔齐莫维奇（Л. А. Арцимович）（1944），克鲁泊（Крупп Д М）（1962），谢曼（Семан О. И）（1955），中国的西门纪业（1957）的文章。莱克纳格尔和解根给出了静电阴极透镜由阴极面中心发出的电子在极限像面处的弥散圆表示式，阿尔齐莫维奇给出了最佳像面处的最小弥散圆半径的表示式。克鲁泊给出了同心球系统在高斯像面处的弥散圆半径的表示式，西门纪业是研究复合电磁阴极透镜的像差理论的先驱者。诺贝尔奖奖金获得者、电子显微镜的发明人卢斯卡最早研究静电聚焦同心球系统的论文，更是给了我很大的启发，为了读懂原文，我自学了德语，甚至把他的论文有关章节由德文翻译成俄文参阅。

成像电子光学涉及大物面宽电子束聚焦成像问题，而通常电子光学所研究的细电子束聚焦与成像理论，并不适用于研究宽电子束成像器件的电子光学问题。当时我主要思考以下两个问题。

（1）现有的傍轴细束电子光学的理论和方法不能用来解决宽电子束成像电子光学问题；近轴电子光学理论只能解决理想成像，仅适合解决邻近对称轴区域的电子光学问题；成像电子光学要研究由光阴极逸出的大物面宽电子束在系统中的行进轨迹及其成像的规律和所形成的像差。但在以往研究中，空间电位通常是以轴上电位分布的谢尔赤（Scherzer）展开式来表示的，离实际情况相差甚远；现有的理论、方法和手段在解决实际问题上尚有距离，尤其是轴外电子束的聚焦与成像，需要探索新的途径。

（2）成像电子光学系统的横向像差究竟应该如何定义？当时国内外电子光学学术界都在研究成像电子光学系统的三级（几何）横向像差，普遍认为主要是它影响器件的成像质量。但这个概念是由细束电子光学引申的推论，并未得到证实。成像电子光学是否只存在三级几何横向像差，有无其他类型的横向像差，并无明确的结论。

古代伟大的诗人屈原有句名言："路漫漫其修远兮，吾将上下而求索。"我知道我将要走的路很长、很艰难，但探索和前进的方向是清楚的，信心是坚定的。

科学研究从何处切入是解决问题的关键，我当时经历了漫长的思索。最后的思考是，如果我能找到一个可以求得解析解的成像电子光学系统的理想模型，从它入手，把它的成像规律、实际轨迹与近轴轨迹等都研究透了，便能对理想成像、横向像差等有一个正确的理解和把握。由此出发，可指导一般静电聚焦电子光学系统的理论与设计。最终，我选择了两电极同心球静电聚焦系统中电子运动的轨迹作为研究的切入点。我认为，如果能找到这一模型的成像位置的解析解，并把它表示成级数展开式，便有可能解决理想成像等概念以及定义成像电子光学系统横向像差等问题。

同心球系统中电子行进的轨迹最早是德国著名学者卢斯卡在1933 年研究的。英国科学家解根从 1951 年开始继续研究。当我考察这一系统时，我认为，研究其电子轨迹的聚焦与成像，重点不应仅放在研究电子在同心球内部行进的轨迹，而应研究从轴上点出发的电子束通过同心球系统的阳极后与轴会聚的交点。这个落点位置的确定需要非常精确，因为它与电子光学系统的成像特性和像差最有关联。于是，我把研究重点放在求解轴上点出发的电子通过同心球系统的阳极后的轨迹到达像面的精确位置，研究电子束在极限像面到高斯像面之间所形成电子束包络，以及各个像面上所形成的弥散圆直径的大小。

图 2 是我当时为计算两电极静电聚焦同心球电子光学系统（凹面阴极—凸面阳极系统与凸面阴极—凹面阳极系统）中电子行进的轨迹及其成像的计算图。我没有抽象地研究电子光学理论，而是把自己的设想（电子轨迹与像差）清晰地用图形表示出来，使自己的研究有一个明确的方向。我将要研究的同心球系统中电子行进的轨迹绘成如图 2 所示的简图，作为研究的依据。

科学研究中，理论工作者最感兴趣的是追求理论的普遍性。但要使普遍性广泛得到承认，必须有特殊性加以证实，而普遍性寓于特殊性之中。成像电子光学的研究也是一样，我想，如果我能把问题的特殊性研究透了，便有可能找到具有普遍性和规律性的线索。这样，

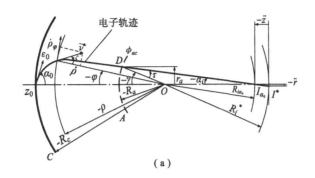

（a）

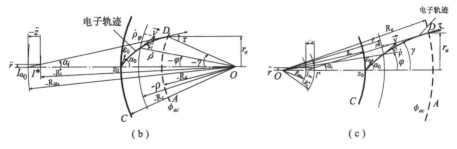

（b）   （c）

图 2   两电极静电聚焦同心球系统的成像电子光学简图

（a）$n > 2\left(n = \dfrac{R_c}{R_a}\right)$ 实像；（b）$2 > n > 1$ 虚像；（c）$n < 1$ 虚像

从特殊性着手，研究特殊类型的宽电子束聚焦和成像就成为我研究成像电子光学入门的突破口。静电阴极透镜的理想模型——两电极静电同心球系统就是我研究成像电子光学的一个切入点。

我当时的思考是，研究两电极同心球系统这一理想模型中电子束的聚焦，分析和探讨电子束成像与会聚所包含的具体矛盾，解剖它作为阴极透镜所具有的矛盾的特殊性，由此找出一些对于阴极透镜具有普遍意义和规律性的线索，这不但对于研究同心球系统的成像电子光学提供理论基础；而且，由于理想模型的矛盾特殊性中正包含静电阴极透镜宽电子束成像的矛盾普遍性，故对于进一步研究轴对称阴极透镜也具有实际意义。我觉得，如果我能比较彻底解决同心球系统成像电子光学这一特殊性问题，那么对于成像电子光学中的几个比较疑惑的问题可能也就清楚了，将为我研究普遍性问题奠定坚实的基础。

自然，由特殊性入手，目的是寻求普遍性的规律。理论研究还必须把个别的、具体的知识转化为普遍的、抽象的知识，绝不能在个别的、特殊的问题前止步，研究普遍性的规律才是科学研究的重点。因此，我的研究思路是：先易后难，先研究静电聚焦系统，后解决电磁复合聚焦系统；先研究各种特殊类型的成像系统，后解决普遍的、一般的电子光学成像系统。从理论到设计，我就是这样思考与切入成像电子光学的科学问题的。

我认为，对于科学研究，从何处入手和切入，虽然是问题的关键，但切入后如何展开问题，击中问题的要害，提出切实的假说，给予明确的定义，才是更重要的。我想，一定要先把电子束的行进轨迹的规律摸索清楚了，把轴上点逸出的电子通过阳极后的着陆点位置找精确了。但对于科学研究，光是解决一两个具体问题是不够的，还要进行科学抽象，仔细考察它的成像规律与特点，才能对理想成像的确定、横向像差的形成等有一个正确的理解和把握。

如何展开科学问题，如我上面所述，我关心的重点是要精确求出由阴极面物点逸出的电子通过同心球阳极栅网后与系统中心轴相交的着陆点，也就是轴上点逸出电子束与系统轴的会聚点。因此，我需要求出电子射线自光阴极面逸出后到达阳极的落点及其入射角以及它从阳极逸出的出射角，这就和设计几何光学系统的玻璃透镜，利用折射定律，对透镜系统进行光线追迹，像所谓描光路一样，由此确定理想成像和系统的像差。

对于静电聚焦两电极同心球系统，尽管德、英、俄等国的一些科学家也曾研究过，但他们的重点是研究电子在同心球系统内部运动的轨迹，而忽略了电子通过阳极后运动的行踪，得到的仅是电子初速为零的轨迹的近似解。这样的处理对于研究系统的电子光学成像特性是远远不够的，我需要研究的是如何求得电子从阴极面轴上点逸出后通过同心球系统后与轴相交的精确着陆点。因此，找电子轨迹精确解与近轴解是研究的关键。最后，我的研究找到了两电极与多电极同心球静电聚焦系统自阴极逸出的电子轨迹的成像位置的精确解以及近轴解，并把它表达成级数展开的形式，由此解决了理想成像等电子光学性质和定义电子光学像差的问题。因此，我由静电聚焦同心球系统电子光学理想模型所具有的矛盾的特殊性出发，进而研究宽电子束成像矛盾的普遍性，以指导成像电子光学的深入研究。

那么，对于研究两电极同心球静电聚焦系统的电子光学这一科学问题，我需要找的是一些什么样的轨迹解呢？我的思路可归纳如下：

首先，需要重新推导自光阴极面逸出的电子在两电极同心球系统中行进的轨迹的表示式，虽然卢斯卡和解根等前人已经推导了同心球系统的内部电子行进的飞行轨迹表示式，但我需要寻找另外形式的轨迹表示式：

$$\varphi = f(\rho), \quad \zeta = \psi(\rho)$$

即

$$\sin\varphi = -\frac{(\mu - 1)(c + d_0)}{bd_0 + b_0 c}\sin\alpha_0, \cos\varphi = \frac{bc + b_0 d_0}{bd_0 + b_0 c}, \tan\zeta = \frac{\mu \sin\alpha_0}{b}$$

式中

$$b_0 = \cos\alpha_0, \quad b = \left[1 + \frac{\varphi_{ac}}{\varepsilon_0}\frac{(\mu - 1)}{(n - 1)} - \mu^2 \sin^2\alpha_0\right]^{1/2}$$

$$c = 1 - 2\mu(n - 1)\frac{\varepsilon_0}{\varphi_{ac}}\sin^2\alpha_0, d_0 = 1 - 2(n - 1)\frac{\varepsilon_0}{\varphi_{ac}}\sin^2\alpha_0$$

式中，$\mu = \dfrac{R_c}{\rho}$，$n = \dfrac{R_c}{R_a}$，R_c，R_a 分别为球面阴极和球面阳极的曲率半径。

它能更方便地确定由光阴极逸出的电子到达阳极的落点，电子射线的出射方向以及它与系统轴的相交点。这和几何光学的描光路（光学追迹）相似，得到的是行进中的电子的"实际轨迹"。由此获得轴上点逸出的实际电子轨迹与对称轴相交的着陆点的表示式，称为"实际落点解"，在此过程中，不应做任何简化。由此可得轨迹主

二、关于静电聚焦同心球系统成像电子光学的研究

轴位置及斜率的精确式:

$$R_i = -R_a \frac{n(b_1 d_0 + b_0 c_0)}{b_1(n-1)(c_0+d_0) - n(b_1 c_0 + b_0 d_0)}$$

$$\tan\alpha_i = -\frac{b_1(n-1)(c_0+d_0) - n(b_1 c_0 + b_0 d_0)}{b_1(b_1 c_0 + b_0 d_0) + n(n-1)(c_0+d_0)\sin^2\alpha_0}\sin\alpha_0$$

其次,将"实际落点解"的表示式表达成按幂次大小排列的级数展开式,这是实际轨迹落点的"精确解"。在"精确解"的表示式中,找轴上点逸出的电子在满足什么样的条件下能理想成像,即逸出电子都能会聚于同一点的规律,由此定义"理想成像条件",我称它为"近轴条件"。并将满足"近轴条件"的微分方程求得的电子轨迹解,称为"近轴轨迹解"或"近轴解"。由此可得轨迹交轴位置及斜率的近似式:

$$R_i = -R_a \frac{n}{n-2}\left\{1 + \frac{2(n-1)}{n-2}\sqrt{\frac{\varepsilon_z}{\varphi_{ac}}} + \frac{2n(n-1)}{(n-2)^2}\frac{\varepsilon_z}{\varphi_{ac}} - \frac{2(n-1)^2}{n-2}\frac{\varepsilon_r}{\varphi_{ac}}\right\}$$

$$\tan\alpha_i = -(n-2)\sqrt{\frac{\varepsilon_r}{\varphi_{ac}}}\left\{1 - \frac{2(n-1)}{n-2}\sqrt{\frac{\varepsilon_z}{\varphi_{ac}}} + \frac{3n-2}{2(n-2)}\right.$$

$$\left.\frac{\varepsilon_z}{\varphi_{ac}} + \frac{(n-1)(n^2-n+2)}{2(n-2)}\frac{\varepsilon_r}{\varphi_{ac}}\right\}$$

再次,研究自光阴极逸出的某一轴向初能量为 ε_{z1}($0 \leq \varepsilon_{z1} \leq \varepsilon_{0max}$)的近轴电子轨迹的成像,被称为理想成像或"近轴成像"。于是,所有自物点逸出的轴向初能量为 ε_{z1} 的近轴电子都能会聚于同一个成像点。这也就是我将要确定的理想成像面的位置。

最后,确定在对应于电子的轴向初能量为 ε_{z1} 下电子光学横向放大率,即与 ε_{z1} 相对应的理想成像面上像高与物高之比值。

一般来说,在成像电子光学研究中,绝大多数情况下,并无必要寻求轨迹落点的"精确解",只需求得具有足够精确度的"近轴解"或"近似解"就可以了。由此可以确定成像电子光学系统的近轴横向像差。

在上面的叙述中,我不遗余力地定义和清晰区别电子轨迹的实际轨迹解、精确解、近轴解和近似解，是为了在研究中能严密定义电子光学系统的成像特性及其像差。在迄今为止的国内外所有的成像电子光学的著作与论文中，都没有像我这样对成像电子光学系统中自阴极面逸出电子轨迹的成像和横向像差进行如此细致的划分和描述。这是我提出的成像电子光学理论不同于其他学者的根本点。

这里，我简单谈谈我与俄罗斯学者在两电极静电同心球系统电子光学的研究上有什么差异和区别。关于电子在两电极静电同心球系统内部行进的轨迹，上面我说过，早在 20 世纪 30 年代和 50 年代卢斯卡和解根都解决了，不过都是在球坐标系的基础上解决的，其形式是 $\varphi = \varphi(\rho)$。当研究两电极静电同心球系统电子光学成像时，便需要把电子轨迹的描述由球坐标系转到轴对称系统的圆柱坐标系上。这时，可选择圆柱坐标系的中心轴与球坐标系的对称轴重合，便不难得到由阴极面原点逸出的如下的实际电子轨迹的解析表示式 $r = r(z)$：

$$r(z) = \frac{2(n-1)}{1 - 4\,(n-1)^2\,\dfrac{\varepsilon_r \varepsilon_z}{\Phi_{ac}^2}} \left(\frac{\varepsilon_r}{\Phi_{ac}} \right)^{1/2} \left\{ (z + R_c)\left(\frac{\varepsilon_z}{\Phi_{ac}}\right)^{1/2} - \frac{2z(n-1)\varepsilon_z^{1/2}\varepsilon_r}{\Phi_{ac}^{3/2}} \right.$$

$$\left. - (z + R_c)\left[\frac{-z}{(n-1)(z + R_c)} + \frac{(z + R_c)^2 \varepsilon_z + z^2 \varepsilon_r}{(z + R_c)^2 \Phi_{ac}} \right]^{1/2} \right\}$$

式中，$n = R_c/R_a$，表示同心球系统球面阴极与球面阳极的半径之比；Φ_{ac} 为球面阳极相对于球面阴极的电位；$\varepsilon_r, \varepsilon_z$ 分别表示逸出电子对应的径向初电位和轴向初电位。

1978 年，我把这一公式发表于我校的《工程光学》刊物（内部）上，1993 年在我的专著《宽束电子光学》（129 页）上也列出了这一公式。这是两电极静电聚焦同心球系统中实际轨迹在圆柱坐标系下的解析解，没有进行任何简化。我再次提出这一公式，实际是纠正了 20 世纪 80 年代俄罗斯出版的一些电子光学书籍给出的表示式的错误。其有关细节，读者可以阅读我在《光学学报》2022 年 4 月第 8 期发表的文章："静电聚焦同心球系统的成像电子光学（Ⅰ）

两电极同心球系统的电子轨迹方程"以及相关的 3 篇文章，这里就不细述了。

如果在我导出的同心球系统的实际电子轨迹的上述解析表示式 $r = r(z)$ 中引入近轴条件，略去分母中和大括弧内较 1 小得多的 ε_r/Φ_{ac} 及更高的阶次项，经过一番整理，便得到圆柱坐标系下电子自原点以初条件参量 $(\varepsilon_0, \alpha_0)$ 射出的近轴轨迹，它以 $r^*(z)$ 表示：

$$r^*(z) = 2z \sqrt{\frac{\varepsilon_r}{\Phi(z)}} \left\{ \sqrt{1 + \frac{\varepsilon_z}{\Phi(z)}} - \sqrt{\frac{\varepsilon_z}{\Phi(z)}} \right\}$$

式中，

$$\Phi(z) = \Phi_{ac} \frac{-z}{(n-1)(z+R_c)}$$

乃是同心球系统的轴上电位分布的表示式。$r^*(z)$ 被称为近轴轨迹，它是对实际轨迹表示式的抽象与简化，而它正是圆柱坐标系下静电阴极透镜的近轴轨迹方程在两电极同心球系统的轴上电位分布下的解，被称为"近轴轨迹解"。而且，奇怪的是，我导出的轨迹表示式内也含有轴上电位分布 $\Phi(z)$ 的解析表示式，这是成像电子光学极为稀有的情况和首次的发现，说明了静电成像系统由光阴极逸出的电子在阳极孔阑处形成的图像弥散，与均匀场的投射成像别无二致。由此，我从理论上证明了，如果在实际轨迹方程中舍弃自光阴极逸出电子的径向初能量的量，把它定义为满足近轴条件，由二阶齐次常微分方程表示的轨迹方程的解，可研究该系统的理想成像性质与横向像差。我从两电极静电同心球系统的电子光学研究中切切实实地得到了这个结论。

应该指出，关于成像电子光学的研究，我并没有像俄罗斯和西方的电子光学科学家那样，把理想成像面的位置放在对应于电子轴向初能量 $\varepsilon_{z1} = 0$ 处，即固定于极限像面的位置。我认为，这固然是一种对成像电子光学这一类科学问题的处理方法和手段，人们这样做，也不算大错。俄罗斯和西方科学家在设计计算像管时，他们都做了这样的假定，即假设 $\varepsilon_{z1} = 0$。但这样的处理，实际是把一个科学问题简单化了，丢失了许多宝贵的信息，这绝不是上策，并不可取。我的研究表明，对同心球电子光学系统，自光阴极面逸出的一束电子通过栅状阳极后聚集在一起，形成了电子束包络。毫无疑问，理想成像面的位置应该安置于电子束包络所会聚的最小弥散圆所在的位置，即最佳像面处，但它并不是位于极限像面的位置，而是在它的邻近位置。为此，我导出了在极限像面与高斯像面之间的电子束包络的数学表示式，形象地给出了电子束在成像段的电子束会聚的形状。

在科学研究中，科学的抽象是十分重要的。它将使研究的结果"去伪存真，去芜存菁"。在成像电子光学研究中，人们十分关心系统所形成图像的清晰（或模糊）程度，通常称为图像的像差，也就是实际成像相对于理想成像的偏离。因此，首先要研究在什么样的条件下，系统才能理想成像，即一个物点对应于一个像点。在这个基础上才能谈论所谓像差和定义像差，以研究图像模糊的程度。因此，首先要研究如何才能理想成像，它要满足什么条件，自物点逸出的所有电子才会会聚于一个成像点。

我的研究表明，对于一个成像电子光学系统，若从阴极面轴上点逸出的一束电子，如果它们的轴向初能 ε_{zi} 都相同的话，而且还满足近轴条件，即 $\varepsilon_r / \phi_i \ll 1$ ，这里，ϕ_i 为成像面处电位，ε_r 为逸出电子的径向初能量所对应的电位，简称径向初能或径向初电位。也就是说，若在落点的公式中把带有径向初能量 ε_r 项从电子轨迹的展开式中略去，这束电子都将会聚于一点，即理想成像。在这个基础上，才能讨论像差。从物理意义上来说，光电子自阴极面逸出后，其轴向行进的速度越来越快，而径向速度的变化极为微小。这个假设在物理上是成立的，我从所得到的两电极同心球系统精确解的落点证明，如果在实际电子轨迹也就是实际轨迹方程的解的展开式中略去其中的 ε_r / ϕ_i 项，便可得到近轴解，即近轴轨迹方程的解，它所对应的便是电子的近轴轨迹，它们都将会聚于轴上某处同一点。

科学研究的本质在于寻找规律。如上所述，由电子轨迹的精确解以及由此抽象而定义的近轴轨迹即近轴解，便可以确定理想像面位置，它对应于所选定的某一轴向初能量 ε_{z1} 值，这就是所谓理想成像。也就是说，所有自阴极面逸出的轴向初能量 $\varepsilon_z = \varepsilon_{z1}$ 相同的近轴电子，不管其径向初能量 ε_r 有多大的差异，都将会聚于同一点，即理想像点，它所对应的成像面称为理想像面。于是，其他 $\varepsilon_z \neq \varepsilon_{z1}$ 的近轴电子将在此理想像面上形成图像的弥散，即所谓近轴横向像差。而不满足近轴条件的电子轨迹在此像面上构成的图像的弥散，即所谓几何横向像差。我的研究表明，静电电子光学成像系统具有两类不同性质的像差，即近轴像差和几何像差，这是前人没有认识到或没有清楚地认识到的。

由我们的研究，轴上点的横向像差可表为

$$\Delta r = r(z_i^*, \sqrt{\varepsilon_z}, \sqrt{\varepsilon_r}) - r^*(z_i^*, \sqrt{\varepsilon_{z1}}) = \Delta r^* + \delta r = \Delta r_2^* + \Delta r_3^* + \delta r_3$$

式中

$$\Delta r_2^* = \frac{2M}{E_c}\sqrt{\varepsilon_r}(\sqrt{\varepsilon_z} - \sqrt{\varepsilon_{z1}}), \quad \Delta r_3^* = \frac{2M}{-E_c\sqrt{\phi_{ac}}}\sqrt{\varepsilon_r}(\varepsilon_z - \varepsilon_{z1})$$

$$\delta r_3 = \frac{2M}{-E_c\sqrt{\phi_{ac}}}(n-1)\varepsilon_r^{3/2}$$

因此，我把电子束在成像面上形成的横向像差定义为

横向像差 = 近轴横向像差 + 几何横向像差

而　　近轴横向像差 = 二级近轴横向色差 + 三级近轴横向像差

几何横向像差 = 三级几何横向像差

因此，总的横向像差 = 二级近轴横向色差 + 三级近轴横向像差 + 三级几何横向像差

这里，近轴横向色差乃是由阴极面逸出电子的初能量差异造成的，相当于光线光学中因颜色不同引起的色像差；而几何横向像差相当于光线光学中因几何量不同所造成的几何像差。

最后，我总结一下，在这个研究中得到的新发现、新结果和新认识。

（1）导出了自阴极面逸出的电子在静电聚焦同心球系统中的新

的轨迹表示式，它就像几何光学中光线由一个折射面过渡到下一个折射面的追迹公式，不但能用于研究静电聚焦两电极同心球系统的电子光学，而且也适用于研究静电聚焦多电极同心球系统的电子追迹。

（2）找到了电子束自阴极面逸出经过同心球系统后最终会聚的精确落点，即电子轨迹的精确解，没有进行任何简化。这为研究理想成像，定义横向像差打下坚实基础。与此同时，给出了两电极静电同心球系统中圆柱坐标系下由阴极面原点逸出的实际电子轨迹的解析表示式，纠正了一些文献中存在的谬误。

（3）由精确解导出了静电聚焦同心球系统中电子轨迹的近轴解，它正是电子运动方程或电子轨迹方程的解析解。

（4）给出了成像系统的电子光学横向像差新的定义，提出了成像电子光学系统的横向像差乃是近轴横向色差与几何横向像差的合成，而不仅仅是只有几何横向像差。

（5）证实了不论是两电极或是多电极静电同心球系统，还是一般的静电聚焦成像电子光学系统，决定系统鉴别率的是二级近轴横向色差，它仅与逸出电子的初电位、初角度，阴极面上的场强以及系统的线性放大率有关，而与系统的具体电极结构及轴上电位分布无关。我的研究还证实了著名的成像电子光学系统的鉴别率 Recknagel - Арцимович（R - A）表示式普遍成立。

（6）考察了成像系统中电子束形成的最小弥散圆以及最佳成像面的位置的确定，形象地展示了成像段所形成的电子射线的包络，等等。

以上就是我在研究静电聚焦同心球系统的成像电子光学的收获和贡献。关于此项研究中的细节，读者若感兴趣，可参阅文献［1］~［5］。

这里，我想讲一些有关成像电子光学研究的逸闻趣事。1955年，苏联专家谢曼博士在北京大学讲授电子光学时，总结了德国的莱克纳格尔和苏联阿尔齐莫维奇的工作，提出了成像电子光学系统

（即阴极透镜）中十分重要的分辨本领即鉴别率的 Recknagel –
Арцимович 公式，简称 R – A（莱 – 阿）公式，这是谢曼对成像电
子光学理论的一大贡献。R – A 公式虽然被称为中心像差，决定了电
子光学系统的鉴别率（或称分辨本领），但它对成像电子光学理论研
究的重要性在那时并没有被电子光学学术界真正理解。

　　谢曼在研究阴极透镜即成像电子光学系统时，发现前人的研究
中，逸出电子束在不同的成像平面（我命名为极限像面、最佳像面
与高斯像面）上所形成的散射圆半径存在着如下的关系：

$$\Delta r_t^* : \Delta r_m^* : \Delta r_g^* = 1 : 0.6 : 2$$

式中，1 是德国的莱克纳格尔（1941）和英国的解根（1952）的贡
献；0.6 是苏联阿尔齐莫维奇（1944）的贡献；2 是谢曼本人
（1955）的贡献。20 世纪 50 年代来到中国传播电子光学理论的苏联
专家谢曼（1955）总结了莱克纳格尔和阿尔齐莫维奇的成果，提出
了以 R – A（莱 – 阿）命名的公式，它十分简洁，可以表示成以下
形式：

$$\Delta r = \frac{2M}{E_c} \sqrt{\varepsilon_r}(\sqrt{\varepsilon_z} - \sqrt{\varepsilon_{z1}})$$

式中，Δr 为二级近轴横向像差；ε_r，ε_z 对应于逸出电子的径向和轴
向初能量；ε_{z1} 为与理想成像位置所对应的某一逸出电子的轴向初能
量；E_c 为阴极面上的电场强度，取负值；M 为系统的横向放大率。
Δr 亦被称为二级近轴横向色差，这是我命名的，明确说明这是由于
不同的轴向初能量的近轴轨迹所造成的差异。这个公式十分简洁，
又非常有用。它表明，由成像电子光学系统的二级横向色差所确定
的鉴别率，与该系统的具体结构无关，仅与阴极面上的场强 E_c 和系
统放大率 M，以及电子的发射初能量 ε_0 有关，这一公式对于研究成
像电子光学理论和指导器件的设计具有重要的意义。因为设计者可
以不必十分在意器件的结构，只需考虑，如何使阴极面的场强达到
最高的要求，这是谢曼最大的贡献。但是，一直没有得到切实的证
明，我的贡献是从静电聚焦同心球系统和复合电磁聚焦同心球系统

中，切切实实得到谢曼研究的结论。

1966 年，当我的副博士学位论文完成后，照例邀请了两位电子光学专家写评议意见，一位是克西扬科夫（П. П. Касьянков）教授，另一位是谢曼博士。当我见到克西扬科夫教授时，他说："你怎么不到我教研室来和我合作啊？"我说："我到电工学院时，你走了，我怎么请你做我的指导教师啊！现在我毕业了，你又回来了。真的很遗憾。"当我到谢曼博士的家中取评阅意见时，发现他对我的论文看得非常仔细，他拿出一大沓白纸，上面几乎对我的论文每一章节进行评论，满篇写的都是：好啊！太好了！太棒了！高兴得不得了。老头与我热烈拥抱，我当时对他的热情不知所措。当我的苏联物理数学副博士学位论文答辩时，他作为论文评阅人出席答辩，他不但没有挑剔论文的不足，而是大加颂扬。以至于他还向校方建议把我留下，攻读苏联科学博士学位。在中苏关系濒临决裂的形势下，这当然是不可能的，我也是不愿意的。

当 20 世纪 60 年代初我到列宁格勒求学时，我从一些传闻知道，谢曼从中国讲学后回到苏联，后来一直不得志，受到很大的压抑，他一直没有被评上教授级高级职称。当然，其中的缘由和是非，是非我所能置喙的。我深深感到，20 世纪 50—60 年代的俄罗斯学术界，是讲派系的，而且派系之间的斗争相当激烈。我记得那时，电子光学两派为一个科学问题争论不已。

但我为谢曼抱屈的是，俄罗斯学术界对谢曼电子光学的学术贡献，尤其是一些著名的电子光学学术专著，对谢曼总结的确定成像器件鉴别率的 R - A 公式，如此重要的贡献，在俄罗斯的文献中置若罔闻，连提都不提。当他从中国回到自己的祖国后，无论他的学术贡献和学术地位，一直都被压抑着，这是我深深为他抱屈的。

今天，当我回顾在列宁格勒留学期间对于成像电子光学科学问题的研究和探索，无数感慨涌上心头。如果我在那时对研究不是那么义无反顾，对困难有畏惧之心，也可以寻找种种借口和理由，冠冕堂皇地退下来。但当时我并没有想得很多，我想还是要拼搏一下，"人生难得几回搏！"对呀！不管成败，总要对得起父老乡亲啊！

我在列宁格勒谢德林图书馆苦苦研究的日日夜夜，累了打个瞌睡，渴了喝口凉水，饿了啃块面包。对每一个问题的探索，我做了大量的读书笔记和文献卡片，不知涂抹了多少张草稿纸，才得到问题的答案。没有一个人知道我的辛苦和艰难，只有我自己。在列宁格勒学习和生活这三年半，许多人认为我实在太辛苦了，太孤独了，也太艰难了。但我喜欢探索未知，我感觉辛苦中也有快乐。虽然有时十分想念自己的亲人。一旦当我在科学探索上有所发现时，我觉得自己是这个世界上最快乐的人了。

我清楚地记得，有一天晚上，我在列宁格勒谢德林图书馆学习，大概是太困倦了，我不知不觉伏在书桌上睡着了。不知经过了多少个时辰，已经是半夜了，服务员叫醒了我。我急急忙忙穿上大衣，奔向车站。列宁格勒的冬天，天气十分寒冷，风雪交加。有轨电车一直不来，我又冷又急，冻得直跺脚。那个年代，列宁格勒还没有出租汽车这一行业，私人汽车也很少。我心想，若这样下去，有轨电车再不来，我今晚一定要冻死在列宁格勒街头了。幸好，一辆有轨电车缓慢地开过来了，我欣喜若狂，急忙跳上电车回到了宿舍，我太幸运了。

留苏经历是我人生中的宝贵财富，在苏联期间，我走过了艰难的科学历程，也树立了学术人生中坚强的信念和信心。进入20世纪90年代以后，我努力沟通中俄电子光学界的友好往来，极力促成两国之间的学术交流与合作，我对两国电子光学领域的发展，国际学术交流尽了我自己的一份力量。

三、关于复合电磁聚焦同心球系统成像电子光学的研究

1966 年 5 月，我从苏联学成回国，1968 年 4 月，因国内的政治运动，我躲避到上海，我觉得不能这样随波逐流混下去了，应该把科学研究的正业抓起来。那时，我每天到上海图书馆看书学习，翻译自己在苏联完成的物理数学副博士论文。

有一天，我突然想到，我在苏联列宁格勒研究的静电聚焦同心球系统电子光学的一套理论，能否扩展到复合电磁聚焦同心球系统电子光学上。这是前人没有研究过的，具有理论和实际意义。于是，我就在上海开始进行探索。后来回到北京，各种运动接连不断，从早忙到晚，大都是在做无用的功，但在那时都是不得不干的。1971 年春，我还到河南驻马店和北京大兴县的北京工业学院"五七干校"去劳动接受思想改造一年，期间，我还在河南驻马店塘坊庄生产队插队 3 个月，与农民同吃、同住、同劳动。

1972 年春从干校回来后，我任夜视技术教研室的名义负责人，抓教研室的日常工作。1972 级学员正式学习夜视技术专业，我忙于安排他们的教学，给他们上课，后带领他们到云南昆明的国营云南光学仪器厂实习。尽管这样，我的脑子始终在思考成像电子光学中新的科学问题，不管窗外东西南北风。研究时断时续地进行着，我并没有放弃。好在那时我的研究只需要一支笔和一张纸就可以了。1975 年初，我完成了"复合电磁聚焦同心球系统成像电子光学的研究论文"的初稿，并把它译成英文。这里，我简单谈谈这一研究工作的思路和经过。

我一直把自己称为科学跋涉者，是一个在科学长途上探索行进

的科学人。就像牛顿所说的那样，也是一个满心喜悦在海边寻找美丽贝壳的孩子，为找到每一颗灿烂缤纷的贝壳而高兴雀跃。下面我着重谈谈复合电磁聚焦同心球系统的电子光学，以及将静态成像电子光学扩展到动态成像电子光学的研究，看看我是如何找到成像电子光学中那些美丽贝壳的吧！

在成像电子光学领域，静电近贴聚焦系统、静电聚焦同心球系统、均匀平行复合电磁聚焦系统，以及复合电磁聚焦同心球系统的电子光学一直是一些学者分别研究的，而这些成像系统具有一些共同的属性——相同的几何结构和简单的电磁配置。很显然，若磁场消失时或球面半径变成无穷大时，复合电磁聚焦同心球系统就变成静电聚焦同心球系统或平行均匀电磁聚焦系统，静电聚焦同心球系统就变成近贴静电聚焦系统。在留苏期间，我初步解决了静电聚焦同心球电子光学的一些科学问题。1968 年 4 月，在上海图书馆学习时，我突然想到，能否把自己在俄罗斯的科学研究扩展到电磁聚焦领域，在电子光学理论上做一些贡献，这是一项具有科学意义的工作。我思考的是，复合电磁聚焦同心球系统的电子轨迹能否用统一的、普适的解析解来表达。如果能求出近轴方程的两个特解，和静电聚焦同心球系统一样，其电子光学成像特性和横向像差等一切问题就迎刃而解了。但电子轨迹方程中既有电参量，又有磁参量，还有几何参量，以及逸出电子轴向初速度参量，求解析解谈何容易。这一棘手的问题，自然成为我关心的焦点，但一直没有得到满意的结果。

当然，电子光学近轴方程乃是一个二阶线性齐次微分方程，人们不难通过数值方法由计算机进行求解其电子轨迹，然而其缺点是难于分析其结果以研讨其蕴含的物理特性。幸运的是，20 世纪 60 年代初我在留学苏联期间，对两电极静电聚焦同心球系统和平行均匀电磁聚焦系统的电子光学有过较为深入的研究，给了我研究同心球电磁聚焦系统电子光学的参照和动力。

关于电磁聚焦同心球系统中电子运动的解，我一直在思考，感觉它应该和静电聚焦同心球系统一样，一定能够求得电子运动方程的解析解，但百思不得其解。记得那是在20世纪70年代初的一个晚上，我躺在床上，翻来覆去思考这一问题。后来迷迷糊糊地睡着了，忽然来了一个思路，似梦幻般，眼前一闪，突然醒了，想到一个解，正是我朝思暮想的解析解。我赶快起床，把它记下来……实际上，我那时得到的解析解是采用的类比的方法，并不直接求解微分方程，而是将同心球电磁复合系统与已知的平行均匀电磁聚焦系统的特解进行类比，引入几何参量 $n = R_c/R_a$（R_c、R_a 分别为同心球系统球面阴极和球面阳极的曲率半径），利用朗斯基行列式，导出了复合电磁聚焦同心球系统的两个特解以及其电子转角的解析表示式。当阴极和阳极的球面半径趋于无穷大时，即 $n = 1$ 时，它就变成均匀平行电磁聚焦系统的解，当磁场消失时即磁感应强度 $B = 0$，它就变成两电极静电聚焦同心球系统的解。我在1978年伦敦国际光电子成像器件会议上宣读这一研究结果，我的论文"Electron Optics of Concentric Spherical Electromagnetic Focusing Systems"（"同心球电磁聚焦系统的电子光学"）收录在 *Advances in Electronics and Electron Physics*（《电子学与电子物理学的进展》）1979年52卷，119至132页中。虽然该论文中的轨迹解析解并不是由微分方程严格导出，而是用类比的方法导出的，但它是正确的，因为它满足电子光学近轴方程。顺便指出，文献表明，几乎在同一时间，1979年，俄罗斯的一群电子光学学者在苏联科学院西伯利亚分院也在研究这一问题，但他们并没有获得复合电磁聚焦同心球系统中电子行进轨迹的精确解析解，只获得零级近似解。

当我再次考察这一问题时，我是直接由求解二阶线性齐次微分方程出发，严密地推导了电子光学近轴方程两个特解的解析解。我的工作说明了，由电子光学近轴方程，即二阶齐次线性微分方程出发可以直接获得复合电磁聚焦同心球系统中轨迹的解析解，包括精确解、近轴解、近似解和渐近解，以及该系统的近轴横向像差等。我把静电聚焦同心球系统、均匀平行复合电磁系统和静电近贴聚焦系统这三种系统视为该系统的特例，证明了 R – A 公式在复合电磁成像系统中依然成立。应该指出，2019 年 4 月，我在中国《光学学报》即 Acta Optica Sinica 以英文发表的近轴方程的两个特解，都是严密求解二阶齐次线性微分方程得到的，其论证比 40 年前严密多了。2022 年 4 月，我又整理了 "静电聚焦同心球系统的成像电子光学" 4 篇文章在中国《光学学报》4 月号第 8 期上发表。我的文章表明，无论是静电同心球系统还是电磁复合同心球系统，我都能获得其特解的解析表达式，这是前人都没有得到的。同样，我也证明了上面我提出的关于横向像差的组成在电磁复合同心球电子光学系统中依然成立。

应该指出，我在 1978 年英国伦敦的国际光电子成像器件会议上宣读、1979 年在美国《电子学与电子物理学的进展》（*Advances in Electronics and Electron Physics*）刊物登载的文章，与 1979 年俄罗斯三位科学家 Смирнов Н. А，Монастерский М. А，Куликов Ю. В 在苏联科学院的《技术物理杂志》（*Журнал Технической Физики*）登载的文章几乎是同一时间发表的。我是 1978 年，他们是 1979 年，探讨的是同一个问题——电磁复合聚焦同心球系统的电子光学（图 3），但我们两家都是独立完成的。

那么，我与俄罗斯学者研究成像电子光学的差异究竟在哪里呢？我简单地讲一下。我们研究的是同一个电子光学问题，归纳起来，是如何求解如下的电子光学近轴方程

$$u^{*''}(z) + \frac{\phi'(z)}{2[\phi(z) + \varepsilon_z]}u^{*'}(z)$$

$$+ \frac{1}{4[\phi(z) + \varepsilon_z]}\left\{\phi''(z) + \frac{e}{2m_0}B^2(z)\right\}u^*(z) = 0$$

在复合电磁同心球系统中的解。式中，$u^*(z)$ 表示转动坐标系下的近轴电子轨迹；$\phi(z)$、$B(z)$ 分别代表轴上电位分布和磁感应分布；e/m_0 表示电子荷质比；ε_z 是与逸出电子初能量对应的轴向初电位。

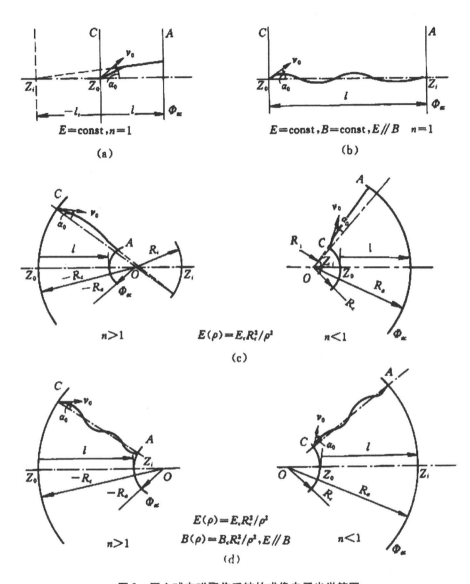

图3 同心球电磁聚焦系统的成像电子光学简图

由此可见，我们两家都是想求上述二阶齐次线性微分方程在复合电磁同心球系统下的两个特解，但方程中不仅有几何参量与电参量，还含有表示逸出电子轴向初能量的微小的量 ε_z，导致微分方程的求解十分困难。因为这个缘故，俄罗斯三位科学家在求解时，就略去了这个微小的量 ε_z，而把它看作对微分方程的微扰，放在处理像差时考虑。这样的处理，导致了他们研究的结果不考虑逸出电子轴向初能量的变化，也就是假设电子逸出的轴向初能 $\varepsilon_z = 0$。这当然大大简化了微分方程求解，但由于他们所构建的理论都是基于这个假设，只有在这个前提下才成立，造成了他们的理论上存在一个天然的缺憾。

我研究的理论，是假设逸出电子的轴向初能量 $\varepsilon_z \neq 0$，整个求解或计算都是基于这个假设上的。上述微分方程中的这个 ε_z 的微小的量是不舍弃的。在这个基础上，我得到了复合电磁同心球成像系统上述近轴方程的两个特解 $v(z,\varepsilon_z)$，$w(z,\varepsilon_z)$ 及其转角 $\chi(z,\varepsilon_z)$ 的解析表示式如下：

$$v(z,\varepsilon_z) = \frac{2z\sqrt{-E_c}}{k\phi(z)}\sin\left\{\frac{k}{\sqrt{-E_c}}\left[\sqrt{\phi(z)+\varepsilon_z}-\sqrt{\varepsilon_z}\right]\right\}$$

$$w(z,\varepsilon_z) = \left(1+\frac{z}{R_c}\right)\cos\left\{\frac{k}{\sqrt{-E_c}}\left[\sqrt{\phi(z)+\varepsilon_z}-\sqrt{\varepsilon_z}\right]\right\}$$

$$-\frac{\sqrt{\varepsilon_z}}{R_c}\frac{2z\sqrt{-E_c}}{k\phi(z)}\sin\left\{\frac{k}{\sqrt{-E_c}}\left[\sqrt{\phi(z)+\varepsilon_z}-\sqrt{\varepsilon_z}\right]\right\}$$

$$\chi(z,\varepsilon_z) = \frac{k}{\sqrt{-E_c}}\left(\sqrt{\phi(z)+\varepsilon_z}-\sqrt{\varepsilon_z}\right)$$

式中，E_c 为阴极面上的电场强度；B_0 为阴极面上的磁感应强度；$k^2 = \frac{e}{2m_0}\frac{B_0^2}{-E_c}$；$R_c$ 为同心球系统球面阴极的曲率半径；e/m_0 为电子荷质比。

若假设轴向初能量 $\varepsilon_z = 0$ 时，上述特解 $v(z)$，$w(z)$ 及转角 $\chi(z)$ 的表示式便可简化为

$$v(z) = \frac{2z\sqrt{-E_c}}{k\phi(z)}\sin\left(\frac{k}{\sqrt{-E_c}}\sqrt{\phi(z)}\right)$$

$$w(z) = \left(1+\frac{z}{R_c}\right)\cos\left(\frac{k}{\sqrt{-E_c}}\sqrt{\phi(z)}\right)$$

$$\chi(z) = \frac{k}{\sqrt{-E_c}}\sqrt{\phi(z)}$$

这正是俄罗斯三位科学家 Смирнов Н. А, Монастерский М. А, Куликов Ю. В 在 1979 年所给出的表示式，发表在苏联 *Журнал Технической Физики*（《技术物理杂志》），1979 年 48 卷，2 期，2590 – 2595 页上。其论文名为 "Некоторые вопросы электронной оптики катодных линз с кобинированными полями, обладающими сферической симметриией"（"具有球对称复合场的阴极透镜电子光学若干问题的研究"）。由此可见，在研究复合电磁同心球系统的电子光学时，他们的微分方程求轨迹解是不考虑轴向初能量 ε_z 的，给出的是近轴轨迹的零级近似解，乃是我们上述结果的一个特例。上面我所给出的静电与复合电磁同心球系统的解析解纠正了俄罗斯和西方一些学者的错误，补正了他们的不足，推进了成像电子光学的理论和方法，为成像电子光学的理论宝库做贡献。

这就是我与俄罗斯电子光学学者们在研究成像电子光学理论上的差异。这样的差异反映到实践上，在设计计算成像电子光学系统时，俄罗斯科学家把成像面设置在 $\varepsilon_{z1} = 0$ 的轨迹的落点处，即所谓极限像面上。顺便指出，在俄罗斯的一些文献中，这一像面常被称为高斯像面，是他们所谓的理想像面。而我们的处理，是考虑在什么位置处设置像面能得到最好的成像质量，即图像最清晰处。因此，要选择所谓最佳像面，它对应于 $\varepsilon_{z1} \neq 0$ 的某一个值。我在上面证明，对两电极同心球系统，自轴上点射出的无论是单色电子束或全色电子束，在聚焦成像时，将会形成电子射线包络。这个包络最密集的地方，就可确定为最佳像面的位置，它对应于 $0 \leq \varepsilon_{z1} \leq \varepsilon_{max}$ 之间的某一值。当我们设计像管时，便可取这个 ε_{z1} 值。这是我们与俄罗斯学者在研究电子光学理论与设计电子光学软件包上的一个重要区别。此外，在理论上，俄罗斯学者在给出横向像差表示式时并不区分近轴横向像差与几何横向像差，而我们是把这两类像差严格分开来的。

我们的研究表明，近轴横向像差由近轴横向色差

$$\Delta r_{v2}^{*} = \frac{2M}{E_c}\sqrt{\varepsilon_r}(\sqrt{\varepsilon_z} - \sqrt{\varepsilon_{z1}})$$

近轴放大率色差

$$\Delta r_{w2}^{*}(z_i,\varepsilon_z) = |r_0|M\left[\frac{-k}{\sqrt{-E_c}}(\sqrt{\varepsilon_z} - \sqrt{\varepsilon_{z1}})\right]（它在 k \times r_0 方向）$$

和近轴各向异性色差

$$\Delta r_{u2}^{*}(z_i,\varepsilon_z) = |r_0|M\frac{k}{\sqrt{-E_c}}(\sqrt{\varepsilon_z} - \sqrt{\varepsilon_{z1}})（它在 r_0 方向）$$

等所组成。因此，无论是静电聚焦同心球系统或是电磁聚焦同心球系统，它们的近轴横向色差是由 R－A 公式决定的。

21 世纪初，俄罗斯科学院普通物理研究所的光电子成像研究室主任谢列夫（Schelev M. Ya）教授邀请我与他们合作研究动态成像电子光学。他与我商议，既然我们研究的是相同的成像电子光学的课题，是为设计和研制变像管和像增强器服务的，能否考验一下我们两家计算像增强器的成像电子光学软件包。我很同意他的建议，请他们出题，由我们计算，与他们的结果进行比对。对俄方提出的某一高速摄影像增强器电子光学系统，双方的计算表明，ELIM（俄）软件包和 ODESI（中）软件包的计算结果是：线放大率分别为 -1.508 17 和 -1.525 80；边缘畸变分别为 35.2% 和 37.7%，像面位置分别为 356.344 mm 和 361.088 mm。因为俄方取的是极限像面位置，故离阴极面要近一些，我们取的是最佳像面位置，故离阴极面要稍微远一些。双方的计算结果差异非常小，且与器件实测结果十分接近，大家非常满意，都为计算结果叫好。

应该指出，无论是西方或是俄罗斯学术界，他们的成像电子光学研究并不严格区分近轴横向像差与几何横向像差。例如，我的俄罗斯电子光学同行们通常关心的仅是 $\varepsilon_{z1} = 0$，即极限像面上形成的横向像差，其横向像差表示式并不严格区分何者为近轴横向像差，何者为几何横向像差。而我的成像电子光学研究给出的是在 $\varepsilon_{z1} = 0$ 与 $\varepsilon_{z1} = \varepsilon_{max}$ 之间任一像面上的横向像差，并把横向像差严格区分为近轴横向像差与几何横向像差。

把成像电子光学系统的横向像差定义为近轴横向像差与几何横向像差的组合，是我在考察静电聚焦同心球系统的近轴轨迹与实际轨迹的差异严密论证后下的结论，是经得起考验的。而且，这个结论在复合电磁同心球系统中依然成立。几十年来，我建造的理论得到了国际电子光学学术界的尊重和肯定，没有受到任何质疑。

2000年9月，诺贝尔奖奖金获得者普罗霍洛夫（Alexander M. Prokhorov）院士以俄罗斯联邦工程科学院院长的名义发来贺电，祝贺我当选俄罗斯联邦工程科学院外籍院士。他在贺信中称："您是您自己的学派的创立者。"全文如下：

亲爱的周立伟教授：

我们谨代表俄罗斯联邦工程科学院主席团，十分愉快地通知您，您被选为俄罗斯联邦工程科学院外籍院士。

我们知道您是一位在带电粒子光学及其相关应用领域的杰出科学家、举世闻名的专家，以及在科学领域有众多专著和学术论文的作者。

我们总是记得您是从列宁格勒乌里扬诺夫（列宁）电工学院开始您的科学活动的，您在您的一生中一直保持对我们国家始终不渝的爱和尊敬。当您回到您的祖国后，您把您的一生紧密地和北京理工大学联系在一起，在那里您经历了漫长和光荣的历程，从一个普通的讲师到一位公认的专家、正教授、学术委员会主任、中国工程院院士。

您是您自己的科学学派的创立者。从北京理工大学毕业的、您的许多有天才的青年人怀着崇敬和自豪的心情称呼您为老师。由于您的卓越成就，您曾被多次授予国家的嘉奖、奖励和荣誉称号。您无疑是科学的忠实仆人，贵国出类拔萃的儿子。

在您的全部生涯中，您一直研究电子束的运动规律；与电子束中的电子相似，您本人也在不停地运动着。看来很难想象在中国的一些有意义的科学事件没有您的参与。

您的热情而充沛的精力、永远奋发的乐观和待人厚道使您和周围的人总是愉快和欢乐，它甚至使每个认识和接近您的人感到惊奇。

在这值得纪念的日子里，请接受我们最热烈的祝贺，衷心祝愿您身体健康，工作卓有成效和在科学领域中取得新的巨大的成就。谨启。

上面我描述了如何探索静电与电磁聚焦同心球系统的成像电子光学这个科学问题，进入成像电子光学科学殿堂，经历重重困难，终于拨开迷雾，弄清真相，从而创建自己的一套理论体系。我衷心希望大家别误会，以为我是一个很聪明的人，没有花什么力气就探索到成像电子光学系统像差的奥秘，闯入了科学的神圣殿堂。实际上，由于我的笨拙，就像在爬山，我是在一步一步地摸索着前进，不知道走了多少曲曲折折的弯路，历尽千辛万苦，才抵达顶峰。却发现本有一条直接到达峰顶的路径，而自己东爬西转，累得七荤八素，才到达目的地。当面对最后结果时，却发现是如此明显和简单，我感到自己是这个世界上最愚笨的人，为什么没有早早发现呢！幸好我是一个坚持的人，没有半途而废，在艰难中摸索前进。

关于成像电子光学的研究，我的体会是，学习前人，不要迷信前人；质疑前人，但要尊重前人。迈入科学之宫的大门，探索到其中的奥秘，具有很强的偶然性，虽是灵光一现，却是长期积累、艰苦思考的结果。请牢记，通向科学之路，不止一条。你要尝试一下，也许你找到的路，比前人更直接，更便捷。

以上是我在研究电磁聚焦同心球成像电子光学的收获和贡献。关于此项研究中的细节，读者若感兴趣，可参阅文献［6］~［10］。

我在此顺便讲讲因这篇论文引出我出国参加学术会议的事，它真像一个传奇，发生在我的身上。1978年初，我外交部接到英国兰克集团和帝国理工学院的一封来函，邀请我参加 1978 年 9 月在英国伦敦举行的国际光电成像器件会议和电子成像国际会议，并希望我能在会议上宣读科学论文。但邀请我的人我并不认识，是别人推荐给他的，也许是他知道我留学苏联，研究电子光学，曾引用了他的文章。这在现在是一件极为普通平常的事，而在当年却被视为非常稀罕令人啧啧称奇的事。我外交部辗转向第五机械工业部问询，才知道周立伟其人原来是北京工业学院的一名助教，一位留学苏联归来的博士。第五机械工业部有关领导知道这事后，认为这是一个极好了解国外现代光电子成像科技进展的机会，建议接受邀请，派团访问英国，便请示中央。当时中央主管科技工作的王震将军令第五机械工业部和第四机械工业部（现电子工业部）组团，遴选人员赴会。

我在"文革"中没有放弃科学研究，电磁聚焦同心球系统的成像电子光学是我在苏联研究工作的继续与发展。自 1968 年 4 月我从学校逃回上海躲避政治运动开始，一直埋头于这个课题的研究。到 1975 年，其研究论文的中文稿已写就，并付之油印。当得知这个消息时，我以为赴英参会非我莫属，因为我的研究有新的发现和成果，可以和国外同行交流。但校系领导讨论此事时，对是否派遣我赴英参会还有一定的争议。

后来我从英国访问结束回国，第五机械工业部一位负责派遣的同志告诉我："你们系的李振沂主任对你真好！当时我们真担心，怕你跑了，是李主任竭力推荐并为你打保票，你才出了国。"现在的人们很难理解那时人与人之间的不信任和防范的心态，在那个年代的常态是，事不关己，高高挂起。李振沂主任支持我赴英出席会议，并愿为我作担保人，承担一定的政治风险。但他十分信任我，毫不犹豫为我作担保人。我十分感激李主任。他一直是关爱我的领导和长者。从我留校任教，出国留学，推荐进系、校学术委员会，任国务院学术委员会学科评议组成员，晋升正教授等，获得各种荣誉和头衔，都是他默默地推荐和支持的。但李主任从来不对我说，是他推荐了我，为我向校、部领导作了担保，也从不向外界宣扬自己帮助我、推荐我的功劳，觉得这都是他应该做的。几十年来，我在北京理工大学，他总是默默地支持、爱护和帮助我。说他是相中我的伯乐，一点也不为过。今年2月，他不幸逝世了，享年96岁，他永远活在我的心中，我要永远学习他的精神，愿他在天国安息。

应该说，我那时出国遇到的困难是现在的研究人员很难想象的。首先是我的英语，仅在中学时学过一些，大学时代学的是俄语。我虽能阅读英文科技文献，但英语的听、说、写对我来说极为困难。我一直形容自己的英语是"三脚猫"水平，似能行走，却是跛脚一拐一拐的。其次，是论文的英文摘要与全文的打印，这需要有专门的英文打字机和打字员。此外，论文的宣读更为困难，我的发音完全是俄罗斯口音，那时微软幻灯片软件（PowerPoint，PPT）等还没有问世，学校也没有透明投影胶片。因此，要把文稿先拍摄成胶卷，再制成幻灯片，在演讲时放映讲解。幸好那时严沛然副校长帮助我修饰英语，陈鑫武老师帮助打字。如果没有他们二位的帮助，我是不可能完成文稿的写作和讲演的。今天回想当年的这些事，我深深感激他们。在这里我就不一一细述了。

1978年秋，党的十一届三中全会还未召开，国家尚未对外开放，出国的手续极为严格。由于北京工业学院对外尚属保密，故我当时是以其他单位研究人员的名义出国的。

1978年秋，英国帝国理工学院（Imperial College London）举行的第6届国际光电子成像器件会议，是帝国理工学院迈克基（J. D. McGee）教授发起的。在这次会议上，关于电子光学的报告，有两篇论文，由美国罗德岛大学（Unviersity of Rohde Island）的丘达莱（A. Choudry）副教授和我先后作报告。我报告的题目是"电磁聚焦同心球系统的电子光学"即"Electron Optics of Concentric Spherical Eletromagnetic Focusing Systems"。在报告中，我把四种类型电子光学系统，其电子轨迹的解以统一的形式表述，得到普适的解析解，讨论了电子光学成像特性和像差，以及应用前景等。我不知道我的报告讲得如何，但报告结束后获得了一阵掌声。我知道，这些掌声完全是礼貌性质的。但我那时的感觉如释重负，觉得我尽力了，我完成任务了，不管与会人员对我的评价如何，我总算交差了。丘达莱副教授的报告较简单，也比较随意，他大概讲了关于近贴聚焦系统研究的一些设想和点子（idea），没有明确的结论和结果。在这次会议上一共宣读了80篇论文，有40篇文章入选会议的论文集，我的论文被选上了，但丘达莱副教授的文章没有入选。丘达莱副教授并没有介意，对我非常友好，因为是同行，1978年11月28日他写信给我希望在近贴聚焦阴极透镜上进行科研合作，并邀请我到美国罗德岛大学访问讲学。我在会议上宣读的论文全文在 *Advances in Electronics and Electron Physics*（电子学与电子物理学的进展）1979年第52卷上刊登了，引起国外电子光学同行的注意，并使我在国内光学界和兵器界小有名声。

电子成像国际会议是英国的兰克集团发起的，解根博士是会议主持人，他是英国著名的夜视技术专家，也是最早开始静电聚焦同心球系统电子光学研究的一位学者，由于我把静电聚焦同心球系统的研究扩展到电磁聚焦领域，故他特别赞赏我的工作。在这个会议上，给我印象深刻的是苏联科学院普通物理研究所的谢列夫博士，他在会议上展示了苏联科学院在高速摄影成像器件领域的成就，具有很高的科学水平。我在这个会议上与他们两位相识后，一直保持着友好的联系。20世纪80年代初，我邀请解根博士来我校讲学。21世纪初，谢列夫主任邀请我赴莫斯科俄罗斯科学院普通物理研究所进行科学合作。

在电子成像国际会议上，我曾问过解根博士，为什么邀请我参加这两个会议？他说，这一会议由英国兰克集团（Rank Organization）发起，得到了英国女王的侄子肯特（Kent）公爵的支持。解根博士向肯特公爵保证，会议将邀请"铁幕后"的两个最大的国家——苏联和中国的科学家到会，以示会议的国际普遍性和广泛性。于是，他便邀请曾在法国留学的苏联科学家谢列夫博士和曾在苏联留学的中国科学家周立伟博士与会。这里，所谓"铁幕后"国家是指那时对外不开放、似乎是用铁幕笼罩着、不为人知的神秘的国家，也就是苏联和中国，因为这两个国家与西方国家那时各方面的联系和交往很少。尤其是"文革"期间几乎断绝了我国与国外的学术联系。我率领代表团到达伦敦后，受到了热烈欢迎，英国方面向我们表示了对中英两国科学家和人民之间交往的诚意，给我们参观了当时最先进的光电子成像技术。在这两个国际会议结束后，肯特公爵举行了盛大的招待宴会，招待与会的各国科学家。肯特公爵在宴会前还专门会见了中国代表团，向我和代表团成员表示了热诚的欢迎。

因为我不辱使命，很好地完成了出国任务。尤其是我的学术论文被会议论文集选上了，而美国副教授的论文落选了，而且他还邀请我赴美进行科学合作。这在现在是一件很平常的事，但在那时，大家都觉得我给国人争得了面子。我回国后受到了兵器工业部和学校领导的表扬。我高兴的是，一些总想为难我的人不再找我的麻烦了。

我在会议结束后回国，并向兵器工业部和学校建议邀请英国夜视技术专家解根博士以及英国一些光电子公司人员访华，我还向兵器工业部所属的其他单位提出引进荷兰 DEP 公司的第一代级联像增强器的建议等，引进线的最初联系也是我牵线的。许多同志对我说，1978 年是我大喜的一年，翻身的一年。

我现在把这段往事写出来，让大家知道人间自有真情在，我深深感谢当年关爱我的领导、老师和同志们。

四、关于曲轴成像电子光学研究与优化设计

　　自 1978 年以来，我与我的合作者方二伦高级工程师以及研究生倪国强、潘顺臣、艾克聪、金伟其、张智诠等一起先后解决了静态成像电子光学的一些特殊性和普遍性问题，如复合电磁聚焦同心球系统电子光学、移像系统电子光学、倾斜型系统电子光学、双曲场聚焦系统的电子光学、电磁复合聚焦阴极透镜的像差理论、阴极透镜的电子光学传递函数，曲轴电子光学的理论与系统设计等。所有这些研究，或在方法上，或在理论上，都有独到之处和新的结论，我就不一一叙述了。

　　由静电与复合电磁聚焦同心球系统的成像电子光学特性及其像差的研究，说明了近轴方程（无论是轨迹方程或是运动方程）在求解对称轴邻近电子行进的轨迹是有效和精确的，由此能给出系统的理想成像和中心像差。但当电子自阴极面的轴外点逸出时，若用轴上电位分布 $\phi(z)$ 和轴上磁感应分布 $B(z)$ 及其导数所表示的各种特殊类型的三级几何横向像差系数的积分表示式进行求解，十分繁复。更主要的是，其结果离真实测试的数据有相当大的误差。其原因乃是系统的空间电位分布与磁感应分布都是以谢尔赤展开式表示，离真实分布相差很远，尤其是阴极面是曲面或球面时。于是，我们转向研究主轨迹为弯曲轴电子束聚焦的成像电子光学，简称曲轴成像电子光学或曲轴电子光学。有鉴于此，在 20 世纪 70 年代，对于大物面、宽电子束聚焦的电子光学成像，我提出把"近轴"的概念推广到轴外，以解决轴外电子轨迹的聚焦与成像的问题。我们知道，轴上物点射出的主轨迹是一条直线，即对称轴，围绕该对称轴的轨迹乃是"近轴轨迹"；由阴极面轴外物点射出的垂直于物面的主轨迹

乃是一条平面的或旋转的曲线。故我们称围绕此弯曲轴的轨迹便可称为"曲近轴轨迹",而"曲近轴光学"乃是研究围绕这条"曲近轴轨迹"进行聚焦成像的理论。这就是说,大物面、宽电子束聚焦成像的问题可以由围绕着曲轴主轨迹来研究解决。为此,我们推导了以主轨迹为曲线轴的主轨迹方程

$$r'' = \frac{1 + r'^2}{2[\varphi(z,r) + \varepsilon_s]}\left(\frac{\partial\varphi}{\partial r} - r'\frac{\partial\varphi}{\partial z}\right)$$

以及围绕主轨迹运动的子午轨迹方程和弧矢轨迹方程

$$p_2'' + F_1 p_2' + F_2 p_2 = 0$$

$$p_3'' + G_1 p_3' + G_2 p_3 = 0$$

式中,$F_1 = G_1 = \dfrac{1 + r'^2}{2[\varphi(z,r) + \varepsilon_s]}\dfrac{\partial\varphi}{\partial z}$

$$F_2 = \frac{3r''^2}{(1 + r'^2)^2} + \frac{1}{2[\varphi(z,r) + \varepsilon_s]}\left(-\frac{\partial^2\varphi}{\partial r^2} + 2r'\frac{\partial^2\varphi}{\partial r\partial z} - r'^2\frac{\partial^2\varphi}{\partial z^2}\right)$$

$$G_2 = -\frac{1 + r'^2}{2[\varphi(z,r) + \varepsilon_s]}\frac{1}{r}\frac{\partial\varphi}{\partial r}$$

其子午轨迹与弧矢轨迹的计算都是采用电子行进途径中围绕曲轴主轨迹上的电位分布和磁感应分布的数据进行的。这样的假设,远比轴上电位分布的谢尔赤级数展开式来得精确得多,也方便和直观得多。但大物面、曲轴宽电子束聚焦成像的理论涉及弗莱纳(Frenet)转动坐标系,必须采用微分几何和张量分析等数学方法解决,还需要在成像电子光学系统设计软件包中付诸实践。20 世纪 80 年代,通过我和方二伦以及倪国强、金伟其等人的共同研究,采用张量分析的方法研究转动曲线坐标系下电子的运动,从而在更普遍的基础上建立了宽电子束聚焦与成像的较为完整的理论体系。在理论和实践上解决了曲轴宽电子束聚焦成像的问题。此外,倪国强、方二伦和我一起提出用三维坐标对光电成像系统点扩散函数的调制传递函数的研究,在方法上具有重大的创新。在这方面,我至今还没有看到在这一课题上比我们更有创意、更全面的研究文章。

综上所述,我们的研究提出了在静态成像电子光学中,无论是

静电聚焦，或是复合电磁聚焦成像系统，其横向像差应由近轴横向像差与几何横向像差所构成。近轴横向像差通常由（二级＋三级）近轴横向色差，以及三级近轴放大率色差与三级近轴各向异性彗差等所组成。几何横向像差即通常电子光学的三级几何横向像差，如球差、像散、场曲、彗差、畸变。这样，就把成像电子光学系统的横向像差的构成说清楚了。

应该指出，我和方二伦以及研究生们研究成像电子光学，一方面是探索电子光学的成像的基本理论与规律，研究曲轴宽电子束聚焦理论等，为电子光学理论宝库做出自己的贡献；另一方面，我们的研究并不是虚无缥缈、脱离实际的，我们将所研究的理论应用于夜视像增强器的计算与设计中。1978 年，方二伦、冯炽焘与我合作研究的变像管和像增强器的电子光学系统计算与设计的成果，荣获全国科学大会奖。20 世纪 80 年代，方二伦与我继续合作进行研究，用个人计算机（PC 机）进行电子光学系统设计，经多次反复修正补充，编制了较为完善的像管电子光学设计软件包，并推动了推广应用。我与方二伦主持的项目"宽电子束聚焦理论与设计"于 1990 年获中国兵器工业总公司科技进步奖一等奖，1991 年获国家科技进步奖二等奖。20 世纪 90 年代，我与方二伦、张智诠、金伟其、倪国强等人合作研究用多重网格法加速场的迭代计算，并进行系统优化，研制成功了"像管优化设计及 ODESI 软件包"，于 1995 年获国家科技进步奖三等奖。软件包经国内有关研究所和工厂使用，效果显著。这项研究为我国微光夜视行业由仿制到自行设计研制、独立自主开发新型夜视器件开辟了道路。如北方夜视公司昆明分公司和西安应用光学研究所应用 ODESI － V 像管电子光学系统优化设计软件包，进行了微光一代管和二代管的电子光学设计和研制，取得了显著的经济效益和社会效益。21 世纪初，方二伦、李元和我一起合作把动态电子光学时间像差计算的内容融合到静态成像电子光学系统设计中，形成了 ODESI － SD 软件包。

以上是我们在研究曲轴成像电子光学理论及系统设计的收获和

贡献。关于此项研究中的细节，读者若感兴趣，可参阅文献［11］~
［14］。

在这里，我想指出的是，前面讲的，静电聚焦同心球系统成像
电子光学的理论研究是我在俄罗斯当研究生时个人完成的，1966 年
4 月我通过苏联副博士学位论文答辩；复合电磁同心球的成像电子
光学的理论研究是在"文革"时期我个人独立完成的，其论文在
1978 年英国光电成像器件国际会议上宣读。而研究曲轴宽电子束聚
焦理论及系统设计则是我领导课题组集体的贡献，其中居功至伟的
无疑是方二伦高级工程师，所有程序与计算都是他一个人完成的。
可惜的是，他积劳成疾，不幸早逝，享年 73 岁，我深深地怀念他。

五、关于动态成像电子光学理论的研究

21世纪初，我应邀访问俄罗斯科学院普通物理研究所。该所的光电子部主任谢列夫教授邀请我合作研究动态电子光学的时间像差理论，该理论是为了研究超快速现象，设计与计算高速摄影变像管提出的。早在1980年，莫纳斯忒尔斯基（Монастерский М. А）和谢列夫共同研究并提出了名为"τ变分时间像差理论"以计算动态电子光学系统的时间像差。我在国内，由于我隶属的单位没有向我提出研究超快速现象的科学任务，故他们邀请我协助解决这方面的科学问题，对我来说，也是很新鲜的，我很愿意进行尝试。

莫纳斯忒尔斯基博士告诉我，当"τ变分时间像差理论"提出后，他们曾经用一个简单模型考验过，似乎没有问题。但由于是简单模型，故他们对此理论的真伪及精确程度，一直存在着疑问。他告诉我，动态电子光学的名词术语也是他和谢列夫提出的，以研究器件自光阴极逸出电子的飞行时间的弥散。他们两位邀请我访问，希望与我合作，帮助解决"τ变分时间像差理论"的真伪与精准的程度。我很高兴也很愿意与他们科学合作，当时就觉得，"动态电子光学"的名词研究时间像差理论很贴切，与静态电子光学研究的空间像差理论是呼应的，理论上也是有联系的。

当我接手考察这一科学问题时，我的直觉是，成像电子光学的静态问题与动态问题不应割裂开来研究，这两者是有紧密联系的。很明显，当一个电子自电子光学成像器件的阴极面逸出时，它飞行的轨迹就是$(x, y, z; t)$，所携带的就是空间与时间信息，它到达像面z_i处的空时坐标为$(x_i, y_i; t_i)$。如果以它作为衡量标准的话，那么，其他电子到达该像面z_i的空时坐标$(x_m, y_m; t_m)$与它的差异，就是空间像差与时间像差。成像电子光学所谓静态（研究电子飞行的空间轨迹）或动态（研究电子飞行的时间轨迹）乃是同一事物的不同表现而已，即逸出初能量分散的光电子在系统中所表现的同一事物的空间特性与时间特性的差异，它们之间具有紧密联系是必然的。如图4所示，我们将到达像面的电子轨迹，以空间轴与时间轴表示，就很清楚了。因此，既然我们可以由牛顿方程和洛伦兹力出发考察电子运动的空间轨迹，当然也可以由它来考察电子运动的时间轨迹了。

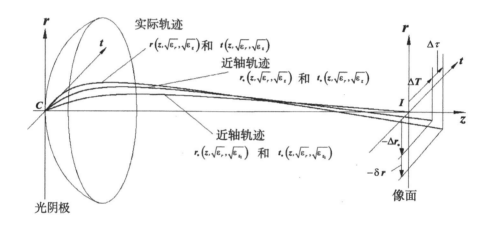

图4　自光阴极逸出的电子轨迹在像面上形成的空间像差与时间像差示意图

　　我当时的问题是：为什么莫纳斯忒尔斯基和谢列夫两位学者研究时间像差理论不走通常的物理途径，即通过洛伦兹力与电子运动方程求解。这是研究器件的电子光学特性的基本途径，因为牛顿方程本身就含有时间的变量。为什么他们走较为复杂的变分途径？我能否寻找其他更为简捷的途径研究时间像差理论呢？因此，我的研究需要弄清并回答两个问题：一是"τ变分时间像差理论"的正确性（真伪）；二是"τ变分时间像差理论"的准确性（精准）。我提出的第一个问题实际是试图考验变分理论，否定或证实，或寻找一个更好的理论；我提出的第二个问题是考验这个理论的可信程度及其适用性。

因此，我需要详细研究俄罗斯科学家提出的"τ 变分时间像差理论"，它的出发点以及公式推导的过程，考察数学推导上有无问题。我把他们的文章翻译成中文时，详细研究了每一步推导的过程，直到导得各项时间像差系数表达式为止。此外，为了使我的研究生们学习和研究俄罗斯科学家提出的理论，我花了几天时间给他们详细讲解。由于俄罗斯科学家把他们的理论局限于极限像面的情况，我还需要将他们的 τ 变分理论推广到任意像面的情况。

我们的研究直接由洛伦兹力和电子运动方程出发，果然出现轴上电位分布的三阶导数因而无法求解的二重积分上的困难，但我们利用了电子运动方程与朗斯基行列式本身的属性，巧妙地化解了这个困难，给出了宽束电子光学系统成像的几何关系和时间关系的两条引理，并绕过了俄罗斯科学家采用的复杂 τ 变分的变换，其研究结果我们提出了一种命名为"直接积分法时间像差理论"。这一理论提出了一种新的时间像差定义，它应和空间像差一样，即时间像差应由近轴时间像差和几何时间像差两部分所组成。它可表示如下：

$$\Delta t = a_2(\varepsilon_z^{1/2} - \varepsilon_{z1}^{1/2}) + A_{22}(\varepsilon_z - \varepsilon_{z1}) + A_{11}\varepsilon_r + 2A_{13}\varepsilon_r^{1/2}r_0 + A_{33}r_0^2$$

式中，

$$a_2 = t_{\alpha_2} = \frac{\partial t}{\partial \alpha_2} = \frac{\partial z}{\partial \alpha_2} \frac{1}{\dfrac{\partial z}{\partial t}} = \frac{-z_{\alpha_2}}{\dot{z}} = \frac{-\dfrac{2}{\phi_0'}\sqrt{\phi_*}}{\sqrt{\dfrac{2e}{m_0}\phi_*}}$$

$$= -\frac{1}{\phi_0'}\sqrt{\frac{2m_0}{e}} = \frac{1}{E_c}\sqrt{\frac{2m_0}{e}}$$

$$A_{22} = \frac{1}{4}\sqrt{\frac{2m_0}{e}}\frac{1}{\sqrt{\phi_*}}\left\{\frac{2}{\phi'} + 2\sqrt{\phi_*}\int_0^z \frac{\phi''}{\sqrt{\phi_*}\phi_0'^2}\mathrm{d}z\right\}$$

$$A_{11} = \frac{1}{4}\sqrt{\frac{2m_0}{e}}\int_0^z \frac{1}{[\phi(z) + \varepsilon_z]^{3/2}}\left[-\left(v'^2\phi_* + \frac{1}{4}\phi''v^2\right) - 1\right]\mathrm{d}z$$

$$A_{13} = \frac{1}{4}\sqrt{\frac{2m_0}{e}}\int_0^z \frac{1}{[\phi(z) + \varepsilon_z]^{3/2}}\cos(\theta_0 - \beta_0)\left(v'w'\phi_* + \frac{1}{4}\phi''vw\right)\mathrm{d}z$$

$$A_{33} = \frac{1}{4}\sqrt{\frac{2m_0}{e}}\int_0^z \frac{1}{[\phi(z) + \varepsilon_z]^{3/2}}\left[w'^2\phi_* + \frac{1}{4}\phi''w^2 - \frac{1}{4}\phi_0'' \right]dz$$

式中，a_2，A_{22} 分别为一级和二级近轴时间色差系数；A_{11} 为二级几何时间球差系数；A_{13} 为二级几何时间场曲系数；A_{33} 为二级几何时间畸变系数。

于是，总的时间像差可以定义为

时间像差＝近轴时间像差＋几何时间像差

而　近轴时间像差＝一级近轴时间色差＋二级近轴时间色差＋……

几何时间像差＝二级几何时间像差（球差、场曲、畸变）＋

……

即　　总的时间像差＝一级近轴时间色差＋二级近轴时间色差＋

二级几何时间像差＋……

当用两电极静电同心球系统进行考核时，"直接积分法"求得的一级近轴时间色差系数 a_2，二级近轴时间色差系数 A_{22} 以及二级几何时间球差系数 A_{11} 的积分值与解析值完全相同，在阳极位置上的结果也是完全吻合的。我们的工作证明了"直接积分法"计算时间像差系数的正确性。

研究到这一步，现在的情况是，探讨时间像差提出了两种理论：即"τ变分法"理论与"直接积分法"理论。它们之间孰是孰非的问题并没有解决，故必须寻找一种途径进行严格的检验，这一步就是英国科学哲学家波普尔（Popper）教授提出的"演绎检验法"中的排除错误。我们找到了一种静电聚焦两电极同心球系统的理想模型，也找到电子在此系统中行进时间的解析解。检验的结果表明，这两种理论不但是"正确"的而且是"精确"的。所谓"正确"是指从两种不同的途径出发获得了完全一致的结果，而且，"τ变分法"理论中以微分形式表示的时间像差系数经过适当变换也可表达成"直接积分法"的积分形式。所谓"精确"是指两条途径的计算结果与理想模型的解析解是精确一致的。最后，我们还证明了，"τ变分法"理论的结果经过变换也可表达成"直接积分法"理论的形式。

研究表明，俄方提出的"τ变分法"理论与中方提出的"直接积分法"是有效解决时间像差理论的两条迥然不同的途径。俄中双方从不同的角度出发，方法各异，但都有效地解决了同一问题。"直接积分法"概念清晰，直通主题，求解方便。"τ变分法"，理论新颖，构思巧妙，思路独特。无论是"直接积分法"理论，还是"τ变分法"理论，对于推动动态成像电子光学的研究具有重要的意义。应该指出，这两项科学研究都具有原创性，也证明了科学发现的唯一性（即途径可以不同，但答案是唯一的），为动态成像电子光学的研究提供了新的认识和新的途径，由此推动了科学的进步。

由这一研究，我们建立了成像电子光学学派较为完整的理论体系。这一体系与现有体系的不同点是，用统一的观点来考察和研究成像电子光学的成像、聚焦以及空间与时间像差的问题。我们的理论证明了，无论是静态还是动态成像电子光学，空间像差是近轴横向色差（二级＋三级）和几何横向像差（三级）的合成，时间像差是近轴时间色差（一级＋二级）和几何时间像差（二级）的合成。

我在俄罗斯科学院普通物理研究所做关于动态电子光学研究的报告时说：通向罗马的大道不会仅是一条，研究科学问题也是如此。我们提出的"直接积分法时间像差理论"，向东出发，你们提出的"τ变分时间像差理论"，向西出发，绕了一大圈，最后会师于罗马，得到同样的结果，这叫殊途同归。俄罗斯科学院普通物理研究所的光电子部的同事们都非常高兴，他们说，听了周教授的报告，他们对于自己提出的"τ变分时间像差理论"也放心了。

由这一研究，我们不仅在静态宽束电子光学，而且在动态宽束电子光学，建立了成像电子光学较为完整的理论体系。与现有的理论体系不同的是，我们用统一的观点来考察和研究成像电子光学系统的成像和聚焦、空间像差与时间像差等问题。我们的理论严格证明了，无论是静态成像电子光学还是动态成像电子光学，空间像差是近轴横向色差和几何横向像差的合成，而时间像差是近轴时间色差和几何时间像差的合成；不论是横向像差或是时间像差，空间分辨率或是时间分辨率都与阴极面的场强直接相关。我们的研究证实了，光电子发射的初能量分散构成的二级近轴横向色差乃是静电聚焦像管空间分辨率的基本限制；同时，由光电子发射的初能量分散所构成的一级近轴时间色差（称为时间渡越弥散）限制了高速摄影变像管相机的时间分辨力。

从我们研究这一问题的过程中，可以看出思想的作用。首先我们把成像电子光学的静态问题同动态问题联系起来，进而认识到这是同一事物（即由阴极面逸出的光电子的发射初能量分散）在某一成像面上表现的两个特性，即空间像差和时间像差。并把这两种像差在定义上统一起来，通过一系列比较后作出了科学的结论。

我深深感到，作为一名科学工作者，应该力图使自己的科学研究正确描述自然界的客观属性、运动规律的本质，追求更高程度的概括，并且竭力遵循科学中的美学原则——和谐性、简单性和对称性作为研究的最终目标。

以上是我们在研究动态电子光学的收获和贡献。关于此项研究中的细节，读者若感兴趣，可参阅文献［15］~［17］。

在这里，我想谈谈我与俄罗斯科学家科学合作的一些感受。1995年秋，俄罗斯科学院普通物理研究所谢列夫教授介绍他们研究室的莫纳斯忒尔斯基博士访问我校。他是俄罗斯著名的电子光学专家，无论在理论上或是在计算机辅助设计上，都有很高的造诣。我请他专门为我的研究生们讲课，我当翻译。当时，我向他介绍我刚出版的专著《宽束电子光学》和《宽电子束聚焦与成像——周立伟电子光学学术论文选》，他非常欣赏。我坦率地讲了我抛弃成像电子光学研究传统三级几何横向像差为主的概念，而代之以二级加三级近轴横向像差为主、三级几何横向像差为辅的概念。

十分高兴的是，1978年9月我在伦敦国际光电成像器件会议上提出"电磁聚焦同心球系统的电子光学"一文后，俄罗斯电子光学界也对同心球系统的电子光学产生兴趣。记得有一天，我与莫纳斯忒尔斯基博士共进晚餐时，他突然对我说："西方无论英美或是德日，成像电子光学的研究都没有什么成就，看不到有什么重要的论著和贡献。我认为，在这个世界上，真正懂得成像电子光学的人，只有您和我两个人。其他国家都不足道也。在这个领域，首屈一指的，只有两个人：在俄罗斯就是我，在中国就是您。我们俩都有自己的贡献。"他又说："我看了您写的书和文章，您的研究已经形成了一个科学学派。"当时，他的话使我大吃一惊。但我的头脑是清醒的，我不会因为外人的赞誉而不知所以了。他诚恳希望我能与他们在成像电子光学方面科学合作。

后来，他和谢列夫教授向他们的老师，诺贝尔奖奖金获得者普罗霍洛夫院士热情地推荐了我，包括后来起草给我的贺信。21 世纪初，我应俄罗斯科学院普通物理研究所谢列夫教授和莫纳斯忒尔斯基博士的邀请，与他们在动态成像电子光学方面进行了科学合作，并在动态成像电子光学的研究上获得很大的进展。这一合作 也使我将静态成像电子光学与动态成像电子光学的理论统一了起来，形成了较为完整的理论体系。

六、科学研究方法谈

借此机会，我顺便谈谈我的科学研究方法与体会。我认为，我研究成像电子光学的方法实际是遵循物理学大师常用的科学方法。具体可归结为：探索和研究一种简单明了的模型，分析所选取的模型相应的物理现象的特点，看它是否能够清晰地描述所研究的物理现象的基本特征，并揭示其中蕴涵的主要规律（研究特殊性，普遍性寓于特殊性之中）。然后将这一模型作为出发点，进行演示，对所勾勒的理论进行详细的包括数学推演的研究，构筑新理论的框架（模型推演）。研究时从简单明了的模型演进出一套完备的理论，由简单的情形推演到复杂的情形，由特殊的理论过渡到构筑普遍的理论，使之成为较为完备的理论（由特殊性演进到普遍性）。

自然，理论的验证需要进行实践的考验，考察其适用的情况。自牛顿以来的物理学家大都是这种由特殊到普遍的研究风格。当然这并不是科学研究唯一遵循的途径，但我认为自己的研究也是这样做的。

在我着手研究成像电子光学时，虽然心中没底，但研究目标或者指导思想都比较明确，即要从理论、计算与设计解决成像电子光学问题直到应用于实践——变像管与像增强器的设计与计算上。此外，我是不屈不挠和有韧性的，锲而不舍地去实现这个目标。

从什么地方入手？突破口在哪里？现在看来，最初的思考比较深入，方向比较明确。我当时想（那时仅是一个朦胧的想法），如果我能把两电极同心球模型的电子光学性质方方面面都弄清楚，就能在一个比较坚实的基础上探讨成像电子光学问题了。当今天回顾往昔时，觉得我能取得一点点成就，主要得益于前期较为深入的思考。

幸运的是，我一开始就走上了较为正确的道路。

在理论研究上，从理想模型入手，先解决简单模型，把简单模型的矛盾和规律深入地弄清楚了，然后发展到研究较为复杂的模型，寻找共同的规律。在两电极同心球静电聚焦电子光学系统的理想模型基础上，发展到研究其他各种理想模型，由此抽象出一套理论，联系实际的科学问题。我的科学之路就是这样走过来的。由特殊到一般，再由一般到特殊，这实际是哲学上普遍性与特殊性的关系。研究矛盾的特殊性，可以找到具有普遍意义和规律性的线索，有一个坚实的基础来研究矛盾的普遍性。但研究工作决不能停留在理想模型上。当把工作扩展到研究轴对称成像系统上，移像系统、静电和电磁复合聚焦阴极透镜是研究成像电子光学的重要问题，是不能回避的。

下面，我简单谈谈关于科学研究的一些方法和理念。我在自己的研究实践中以及指导研究生的过程中，对于一个科学问题，总是先厘清它的历史状况，研究进展，以及尚存的问题。关于疑难问题，一般可以分为几方面：一是一直没有解决的；二是解决得并不好的或很勉强的；三是解决得很好的。对于前两类问题，要分析它们为何解决不了，或没有很好解决的原因及其症结之所在，然后提出自己的解决方案。对于已经很好解决的问题，一是要深入学习，二是要思考有没有更优的途径或尝试更好的方法。

我在上面讲的年轻时发明扁平线圈绕线车的简单例子，是针对电表上扁平电阻片上绕线的问题，思考解决问题的途径，从而提出仿照机床导轨的进动来排列导线。其"切入点"或"突破口"就是采用螺杆进动的方法，所采用的科学方法与手段，其术语称为"类比"。它是一种逻辑推理的方法，是以车床丝杠进动对物件进行切削推演出利用螺杆进动的方法对电阻片进行绕线来解决问题的。

扁平线圈绕线车的诞生虽然是一项极普通的技术创新，但它包含了创新的诸要素：我在国立高机学的机构学关于螺杆的基本"知识"是基础，由此联想与类比，思考出螺杆使漆包线进动的创意并将它应用于实践是"智慧",设计和制作扁平线圈绕线车便需要"能力",好奇心提出怀疑和质疑、锲而不舍努力实践之是"精神"。知识－智慧－能力－精神,这就是个人进行创新时必须具备的四个基本要素,四者有机结合在一起,创新诞生了。因此,无论哪一类层次的创新,作为个人,在实现创造时,都需要知识、智慧和能力,更需要有好奇心以及勇于进取的精神气质。

对于已经被认为前人解决得很好的问题,仿佛解决得很圆满的问题,我要求学生们找找它的不足之处,甚至是鸡蛋里挑骨头。我要求他们好好想一想,能否开辟另一条途径或者用另一种方法,尝试一下,也许比他们更好。在教育学生的时候,我认为要充分发挥他(她)们的主动性和进取心,促使他(她)们成长为一个真正的科学人。另外我鼓励学生把学科的方法移植过来,也许得到的结果会更好,更先进。总而言之,我希望学生有这样的理念,在科学研究上,一定要有新的创意,有自己的 idea(点子、方案、思想)。

我认为,科学问题的解决,虽然不是条条大路通罗马,但并不是仅有华山一条道,不是只有一条途径。当人家通过一条途径把科学问题解决了,千万不要认为,这是"绝唱",再也没有其他途径了。我们进行科学研究,就是要探索有无其他的途径,甚至更好的途径,来解决这个科学问题。

我常常发现,不少青年学人在研究科学问题时,总是喜欢模仿或照搬前人(尤其是权威)的思路或方法,跟着人家的思路转,或是做一点小小的更动,而不去另辟蹊径。这样的研究,并不是不可以,而是难有创见的。我希望青年学人们在进行科学研究时,一要思考,二要质疑,三要另辟蹊径,而不要总是跟在人家屁股后面转,亦步亦趋。当然,摆脱世俗见解:权威说的,书本写的,约定俗成的,谈何容易,但搞科学总要有点不信邪的精神。

我上面讲过,俄罗斯科学院普通物理研究所的科学家请我帮助考察他们提出的"τ 变分时间像差理论"的真伪和精确性,在接受这一任务后,我并不是简单地按照通常科学研究的思路对公式——

进行核对，来判定它的真伪和粗精，而是提出一种与他们的思路完全不同的新的"直接积分法时间像差理论"。这是从另外一个角度来考察同一问题，并不是在人家提出的圈子里转悠。这往往是认识上"走老路保险"的习惯，就像孙悟空在如来佛的手心中转悠，始终跳不开束缚。而跳出束缚、破除常规，就需要百折不回的坚韧和勇气。最后，我的研究表明，俄方提出的"τ变分法"与中方提出的"直接积分法"都能有效地解决时间像差的问题。虽然这是两条迥然不同的途径，一个是变分途径，另一个是牛顿途径，从不同的角度出发，但都有效地解决了同一问题，殊途同归，答案是一样的。由此可见，通向罗马的大道不只是一条。

众所周知，科学是发现，技术是发明。所谓发现，也就是说，一个科学问题的答案原来就是存在的，但一直隐藏着，没有被发现，科学家的任务就是把它挖掘出来。例如，对于成像电子光学，要研究电子在电磁场作用下的运动，它的行进轨迹、成像特性和像差，其基本出发点就是牛顿运动方程和洛伦兹力。如果所研究的科学问题的出发点或初始条件是相同的，途径可以是不一样的，但它们的最终结果应该是一样的，而且是唯一的，也许在表现形式上有差异。回想60年前，在列宁格勒谢德林图书馆苦读期间，我考察了各国电子光学科学家对阴极透镜三级几何横向像差理论的研究，表面上看起来，答案的形式各异，且作者都声称自己是对的。实际上，他们都是研究同一个问题，即质点（电子）在轴对称电磁场中的运动，其研究的手段与方法虽然不同，有的用牛顿（轨迹）方法求解，也有的用变分（程函）方法求解；有的用矢量表示，也有的用标量表示；或者采用不同的坐标系，等等。细究起来，本质上没有什么区别，故其结果应该是一样的，即答案是唯一的，应该没有实质上的差异。为了弄清这一个科学问题，我不知道走了多少弯路做了多少虚功，花了很多精力和时间，经历了想象不到的磨难和痛苦，才证明我的观点的无误，并对这一问题有了较为清楚的认识，也敢于评论一些文献上存在的谬误。我就是这样一步一步地提高自己对这一科学问题的认识的。

我们与俄罗斯科学院普通物理研究所关于动态电子光学时间像差理论的研究，也说明了科学发现的实质。这就是说，如果它是一个科学问题，那它的解答是早已存在的，科学家的任务是发现它，把它挖掘出来。当然，发现的手段、途径和方法可以是各种各样的，但答案应该是一样的，因为它原来就存在。上面我详细叙述了解决成像电子光学的时间像差问题的"τ变分法"（俄方）和"直接积分法"（中方），两者的方法和途径完全不同，但其答案是完全一样的，就是一个明证。

因此，对于一个科学问题，它的解答应是唯一的，因为答案本来就存在，科学家的任务是发现它，把它挖掘出来，故称为科学发现。如果有人声称自己做了解答，那么，可以先复核它的正确性。若复核证明结果确实正确，那能否考虑，有无其他途径也能得到同样的结果，并考察哪一种途径更好。若有多种结果，则可考察哪一结果是正确的，或哪一种途径或方法更好。若复核证明结果不正确，那更有文章可做了。因此，我的观点是，详细考察所研究问题的既往，从中发现问题，哪些已经解决了，哪些还没有解决，从而提出对此问题的切入点。

当然，对于一个技术问题，它的解答不是唯一的。因为它原来就不存在，技术的任务是发明一种新方法，寻找一种新途径，探索一种新手段来解决它，故称为技术创新。但是，当别人已经提出或创造了一种方法或途径，你便要提出更新的方法和途径，不能重复人家的办法，也不能改头换面一番使用，否则便是抄袭或剽窃。

此外，我觉得，在科学研究每一环节上，逻辑思维十分重要，尤其是批判性思维。因此，在科学研究中，要预先想到，若按照这样的步骤做下去，一定会有什么样的结果。如果不是预期的结果，或者与假设不符，那么一定在某个环节上有误，甚至在假设环节上就可能有误。其次，要永远怀抱批判的态度来审视自己和他人的问题，才能有所进步。

科技人员在解决科学问题和技术问题时都需要学习，但方法和态度是有一些差别的。我的观点是，对于科学问题，着重在思考、批判和质疑；对于技术问题，着重在学习、借鉴和创造。前者如爱因斯坦，他质疑牛顿的时空观，以同时性的相对性作为突破口，从而提出狭义相对论。后者如乔布斯，他提倡海盗式创新，即把人家所有优点和长处都学习过来，加以改造，为他所用。他的 iPad 和 iPhone 就是一例。这两类人的性格、思想方法和处世态度也是大有差异的。

下面简单谈谈我的科学研究思路。我认为，在科学研究中，首先是思考问题和提出问题，如关于成像电子光学，我的脑海中存在着一系列问题。例如：关于阴极透镜像差理论，一些文献提出了所谓中心像差和三级几何横向像差，要讨论的是，到底是什么原因形成的，谁起主要作用；如何定义横向像差和时间像差，它们之间有什么联系；如何求理想模型的精确解和解析解；阴极透镜三级几何像差的研究有许多文献涉及，它们之间为什么有差异，谁更正确或准确；像差表达式复杂，能否通过解析解检验像差表示式的精确程度，等等。此外，光线光学、细束电子光学和成像电子光学的异同点，处理方法有什么差异；近轴光学的局限性，如何提高轴外物点逸出电子行进轨迹的计算精度；大物面宽束电子光学系统的成像、计算与设计的问题，等等，一直在我的脑海中盘旋着。应该指出，由思考达到创新，需要长时间的积累。

上面列举的是我当年对研究成像电子光学的一些问题和思考，有些是在科研实践过程中提出的。虽然开始时思想并不是那样明确，但随着研究的深入，思考也深入了，信念更坚定了，知道了问题的所在以及探索的途径和办法。因此，成功的科学活动就是善于思考问题、提出问题和解决问题。

在这里，我先讲一下研究科学问题的态度。我认为，要想深入地研究一个科学问题，必须要有专注的精神，能够将自己的注意力持久地集中在所研究的问题上。而要做到这一点，首先，需要营造较为纯粹的研究氛围，一种能够坐下来盯着一件事不放而将其他事物统统置于脑后的学术氛围。为此，既要尽量排除家务行政杂事和外来的干扰，忍得住寂寞和孤独，尽量克制自己内心的动摇以免分心的欲望，尤其是不良习惯与名利的诱惑。当然，在现代中国，超越功利的研究是很难做到的。但一个潜心于科学研究的人，是不会沾沾于名利的。其次，在读前人文章和他人的研究成果时，要以新的视角对全文作全新的解读，思考有没有新的途径和方案，一定要让思想冲破牢笼，跳出长期束缚人们思想的固定模式，从多维的角度审视这一科学问题。再次，要有理性批判的精神，尊重前人但不迷信，不受传统与习惯的束缚，敢于批判他人但严格审视自己。最后，需要有"仰望星空"的精神，要敢于把自己的想象力释放出来。因为，"新的可能性，从新的角度看旧的问题，都需要创造性的想象力。"因此，不少科学大师钟爱文化艺术，他们认识到："知识是有限的，而文化艺术所开拓的想象力是无限的。"

总之，思考要专注；心无旁骛，才能全身心投入聚焦到所研究的事物上。所谓专注，并不是要用功到废寝忘食的程度，而是把所研究的科学问题一直放在脑子里，有意识或无意识时时刻刻去思考它，想念它。当一个人真正把一个科学问题放在脑子里时，思考就自然而然地向该"问题"集中，东想想，西想想，有可能在吃饭端起饭碗时，在旅行中踏上旅游车的那一刻，在交响乐响起的刹那间，一个科学想法，新的 idea（点子）出现了。更多的是，参加一些学术会议与讨论会，读一些新的文献，受新思想、新观点、新点子的启发，激发了思想上的共鸣。此时，往往会产生"借用他的思想，我的课题也不妨一试"的念头。我深深感到，科学研究乃是无数次尝试，无数次失败，最后获得成功的过程。

我发现，不少青年学人在上班时才端起问题、思考问题，下班后从来不想自己的科学问题，所谓 8 小时上班工作制，这种态度，对于以研究科学、崇尚科学、以科学为职业的科学人来说，是很难想象的。此外，不少青年学人以为自己十分聪明和高明，科学研究手到擒来，但几次失败后就灰心丧气，不知道科学研究需要"努力再努力，思考再思考，坚持再坚持，改进再改进"，也许会有新的结果、新的现象能发现。我觉得，真正具有创新性的科学研究和真正的发现，实在是比较困难的，思想上要有充分的准备。此外，我认为，若要出高水平的成果，必须创造保证科学家想象、选题和实验所需的高度自由的氛围，减少甚至杜绝那些急功近利的干扰和限制。拿 2006 年诺贝尔化学奖得主罗杰·科恩伯格来说，他可以 10 年潜心在自己的领域内钻研，而没有任何压力迫使他出成果。但是，思考是痛苦的，尤其是进入迷宫左冲右突出不来时；自然，思考也是快乐的，因为他感到自己在向真理一步一步地靠近。

其次，研究科学的人都知道，质疑是研究问题最重要的手段。通过思考前人，质疑前人，提出自己对问题的认识和尝试解决问题的途径。因此，对科技人员来说，首要是学会质疑，善于质疑，提出问题。此外，科学工作者还是要抱着善于学习的态度。因为，科学方法中的类比、联想、推理等，都是从学习他人的理论、方法和手段，受到启发得来的。

此外，要勇于面对失败和错误。我是从无数次挫折和失败中走出来的，才有一些正确的认识和理解。我的体会是，创新的核心是要有敢于质疑和批判的精神以及由此产生新的概念和创意。创造性的研究是无数次失败和极少几次成功的混合，而研究的所谓进展其实是怀着永不衰减的热情，在一个接着另一个失败的道路上蹒跚前行。

我认为，科学研究中，重要在于是否有自己的思想（想法、创见）、自己的独立思考。这里，最主要的是能否大胆设想并提出问题。不要害怕怪异的想法，也不要害怕求异思想的躁动，要对新的 idea（点子）的出现持欢迎态度。只有提出问题，千方百计去解决问题，才有可能得到原创性的结果。思考问题时，思维方式和方法很重要。这时，辩证唯物主义认识论和科学哲学对科学问题的提出和认识将会大有帮助。

我深深感到，成为一个科学人，真是需要有一些特殊的品格和百折不回的胆略。首先，在茫茫黑暗的探索中，他仍能发出内在的光芒，具有照亮真理的智力，也就是迅速辨明真相、能觉察到这条途径对与否的能力，即拥有洞察力。其次，要有敢于果断地跟随这种内心的光芒前进的勇气，也就是跟与不跟的胆略，即决断力。当然，洞察力、决断力和百折不回的胆略，是在千锤百炼中成长的。因此，成为一个真正的科学人是不容易的。

最后，我想指出，每一个科技人员都有自己的习惯和惰性，甚至养成了对事物的某种固定看法，以及处理事物的态度。我有时觉得，经验、习惯和惰性甚至会妨碍对新鲜事物的接受，有意识或无意识进行排斥和打击，这是值得警惕的。正如诗人苏轼所言："不识庐山真面目，只缘身在此山中。"因此，要永远努力学习人家的长处，不懒惰，不自满；更重要的是，应拥有一种不拘泥于现实、能对现实事物作超越性审视的眼光。这就需要拥有不断地学习，不断地审视自己，勇敢接受新鲜事物的人生态度。

在这里，我想谈一下创新与"直觉"与"灵感"的联系。爱因斯坦曾说过："我相信直觉与灵感。"他依据自己亲身的科学创造实践一再强调，在科学发明创造过程中，从科学观察和实验到一种新颖见解的脱出之间，没有"逻辑"的桥梁，必须诉诸直觉和灵感。在这方面，我多次讲过，我们中国科技工作者，在"直觉"与"灵感"方面，尤其是我的同胞们的智力，并不逊于国外的同行。但在"学习"与"积累"方面，似乎尚有些欠缺，这是我亲身感受和体会到的。我在与一些国外科学家交流中，发现他们在谈论科学问题时，掌握了大量参考文献及原始资料，对该课题的既往历史和成就十分熟悉，能很快地提出自己的见解，给了我深刻的印象。依我看来，思维敏捷，脑子灵活，起点高，问题清楚，有科学"直觉"：好像是"没有经过意识推理而对事物产生的理解和判断"，是善于"学习"与"积累"的结果。记得有一次，我与俄罗斯科学院普通物理研究所光电子所的科学家们讨论电子光学科学问题时，由于谈的问题正好是我经常思考且熟悉的，故我能很快应对，他们感到很惊异，以至于他们开玩笑说我的脑子像电子那样转得飞快。但我还是认为，产生所谓灵感或直觉是对某一科学问题长期深入思考所引发、善于学习积累所迸发的思想火花，我并不相信天上掉下馅饼的说法。

关于科学研究的方法与途径，我曾在漫谈"科学研究的途径"一文中有详细的叙述，请读者参阅文献［18］。

最后，我将20年前写的"治学六字"题词献给大家。

　　　治学之道，有六字要诀："志、勤、识、恒、法、创。"
　　　有志则有为，志向远大，断不甘为中下流，以献身科学、科教兴国为己任；
　　　有勤则有才，业精于勤荒于嬉，"天才出自勤奋"，不能有一日之懈惰；
　　　有识则有求，知学问无尽，不敢以一得自足，虚心求实，力戒浮躁与骄傲；
　　　有恒则有成，坚韧不拔，认定方向，严苛律己，不半途而废，则断无不成之事；
　　　有法则有能，讲究科学方法，兼容并蓄，发幽阐微，见微知著，方有能力做大学问；
　　　有创则有新，锐意创新，敢为天下先，想别人想不到的，才能赶超世界先进水平。

结　束　语

　　我的科学研究是在 60 年前苏联列宁格勒留学时起步的，在那里我主要研究两电极静电同心球系统及静电聚焦系统的电子光学，我的副博士学位论文正是我在俄罗斯研究工作的一个总结。回国后，"文革"开始，我独自研究电磁聚焦同心球系统的电子光学，并与方二伦、冯炽焘等人研究变像管与像增强器的电子光学系统设计，取得了一些可喜的成果。改革开放后，方二伦同志与一些研究生如倪国强、金伟其、张智诠等新生力量的加盟，使我们的研究步伐加快了。由于科学研究是新的探索，每向前迈出一步都是十分艰难的。但我们还是取得了不少可喜的进展。

　　20 世纪 90 年代初，我整理自己这些年的研究成果，写出了专著《宽束电子光学》。该书出版后，获得了一片赞扬声，国内 12 位和国外 10 位电子光学专家给予很高的评价，并获得了 3 个国家级图书大奖。科技成果也获得国家级科技奖励和荣誉。国外一些专家来函希望我把自己的著作翻译成英语或俄语出版。但是，每当我回头看自己以前写的，无论是学术论文或是著作，还是觉得存在许多不足之处，或是论证不够严密，或是工作还可以更深入一些，总感觉不是很满意。21 世纪以来，经过大约 10 年的探索，我把静态成像电子光学扩展到动态成像电子光学，形成较为完整的理论体系，我曾想写一部较为全面的成像电子光学著作留给后人。但是，自从当选为中国工程院院士后，我的社会活动太多，大部分时间在做虚功，名气大了，学问退步了。再加上老伴离我而去，各种疾病缠身，年迈体衰，青年时代的雄心壮志，已逐渐消失于无形了。

2016 年，在总结毕生的教学、科研经验的基础上，我出版了《藏绿斋札记：情系科研》，该书为一本论述科学方法的科普读物，囊括了科学研究的途径与方法、学习的方法、治学和为人以及如何申请基金，如何进行科技学术论文写作，等等，这本书里包含了我的亲身经历、认识及体会，我希望把这部书送给青年学者，激励他们成长！

今天，当我回忆当年研究成像电子光学种种艰辛时，心中感慨万千。我大学毕业时接受的是一项技术任务，即从事变像管与像增强器的设计。但设计需要清晰了解成像电子光学系统的基本特性，不得不将它的物理问题搞清楚。故我既要研究科学理论，又要从事系统设计，解决技术方面的问题。我是学工出身的，数理基础差，故研究科学问题的难度很大，我在科学的长途上一步一步艰难地跋涉前行，没有人知道我的艰辛，只有我自己。我的愿望是在成像电子光学理论上建立一个较为完善的逻辑结构和体系，对科学的进步和发展有所贡献。

我（包括我的合作者）的科学贡献与学术成就大概可以归纳如下。

（1）在成像电子光学领域——静电与电磁同心球系统的电子光学、复合电磁聚焦成像的电子光学、移像系统的电子光学、阴极透镜像差理论、电子光学点扩散函数和调制传递函数、曲轴大物面宽电子束聚焦普遍理论与像差理论，以及静电与电磁成像系统的动态电子光学等，有一系列独创性的研究和贡献。

（2）在静态成像电子光学的空间像差理论和动态成像电子光学的时间像差理论有原创性的贡献，统一了空间像差与时间像差的定义和理论，提出如下的横向像差和时间像差表示式：

$$横向像差 = 二级近轴横向色差 + 三级近轴横向色差 +$$
$$三级几何横向像差$$
$$时间像差 = 一级近轴时间色差 + 二级近轴时间色差 +$$
$$二级几何时间像差 + \cdots\cdots$$

从而形成了静态和动态成像电子光学较为完整的理论体系，从逻辑结构上较为清楚地阐述了成像电子光学的问题，被国内外学术界认为创建了自己的科学学派。

（3）将理论应用于实践，尤其是将曲轴电子光学成像理论应用于电子追迹的计算，所研制的像增强器电子光学系统设计与计算软件包为我国微光夜视器件自主研制与开发开辟了道路。

我的科学研究得到了国内外学术界的承认。1992 年，我当选为圣彼得堡工程院外籍院士。1993 年，我的专著《宽束电子光学》出版后，美、英、法、荷、俄、德、日等国 12 位与我国 20 位电子光学和光电领域的专家、教授均给予很高的评价，被认为是一部具有科学性、创新性与系统性的著作，纷纷来函希望该专著能译成英文或俄文出版。该专著荣获 1994 年第八届中国图书奖、1995 年第七届全国优秀科技图书奖一等奖和第二届国家图书奖提名奖。1994 年，我被国家教委特批为教授，那年，我出版了我的专集《宽电子束聚焦与成像——周立伟电子光学学术论文选》，共收入 7 个专题，34 篇论文。1997 年，俄罗斯萨玛拉航天大学授予我名誉博士称号。1999 年我当选为中国工程院院士。2000 年 10 月，我当选为俄罗斯联邦工程科学院外籍院士。诺贝尔奖奖金获得者、俄罗斯联邦工程科学院院长普罗霍洛夫院士在贺信中赞扬道："您是您自己的学派的创立者。"2021 年，我又荣任俄罗斯工程院外籍院士。2022 年，我整理了《静态与动态成像电子光学——周立伟学术论文选》，共收入 11 个专题，63 篇论文。在文集中，我写了一句话："使静态与动态成像电子光学有一个完善的逻辑结构与理论体系是我研究工作的出发点和一生奋斗的目标。"这是我从事科学研究的决心和誓言。

今天，当回顾我的科学生涯以及自己在成像电子光学领域的研究。我想，一是自己还是有点志气的，一定要攻下成像电子光学这个碉堡来，建立我们自己的理论体系。二是我研究的正是国家迫切需要的，具有较大的科学价值和实际意义。今天总结起来看，我能做出一点成绩，是自己一直有这样的信念，要在成像电子光学上走出自己的一条道路。这个目标始终鼓舞着我，锲而不舍地努力去实现这个目标，并且把个人的理想、志愿和兴趣与祖国的需要结合起来。

在本文即将发表之际，我深深怀念列宁格勒电工学院的茹里叶教授与贝科夫教授，20世纪50年代时赴北京大学讲授电子光学的苏联专家谢曼博士，清华大学孟昭英院士、北京大学吴全德院士，北京理工大学工程光学系主任李振沂教授，俄罗斯科学院普通物理研究所谢列夫教授以及诺贝尔奖奖金获得者普罗霍洛夫院士对我的关爱。我也深深怀念我的合作者方二伦高级工程师。

借此机会，我要特别感谢俄罗斯科学院普通物理研究所光电子部莫纳斯忒尔斯基博士及同事们与我的科学合作。我深深感谢清华大学金国藩院士、圣彼得堡电工学院普让科夫校长、萨玛拉航天大学校长、俄罗斯科学院索菲尔院士等俄罗斯友人们对我的关爱和帮助。我深深感谢北京理工大学校领导以及光电学院连铜淑教授为代表的教师们对我的支持和关爱，我也衷心感谢我的博士和硕士研究生们，尤其是倪国强教授、金伟其教授和张智诠教授。

我衷心感谢中国工程院、工业与信息化部、兵器工业集团总公司、兵器装备集团总公司与北京理工大学的领导对我的关怀、指导与帮助。

在这本小册子即将出版之际，我要特别感谢中国工程院一局赵千处长，他一直关怀和支持我的写作；我也特别感谢李佩教授创立的中国科学院科技翻译工作者协会赵殿华和李伟格两位女士，以及中国科学院人文学院胡晓菁女士，在这本小册子译校过程中，他们给予多方面的帮助；我衷心感谢北京理工大学出版社丛磊社长、李炳泉副社长、责任编辑陈莉华、辛丽莉与国珊同志，是他们的支持和帮助，才使这本小册子得以顺利出版。

当回顾我的科学历程时，我不能说我做得很好了，只能说我尽力了。我认为，如果我的数理基础更扎实些，思想更开阔些，头脑更灵活些，也许能更有成就。目前我的思维尚清晰，故抱一线希望，去完成"静态与动态成像电子光学"专著的写作。但愿上天保佑。我衷心希望我走过的路能给青年一代有所参考。我寄大希望于我国青年学人去创造更美好的未来。

参 考 文 献

［1］周立伟. 静电聚焦同心球系统的成像电子光学，A 章：电子轨迹方程［J］. 光学学报（Acta Optica Sinica），2022，42（8）：0811001 – 1 – 8.

［2］周立伟. 静电聚焦同心球系统的成像电子光学，B 章：近轴横向色差与几何横向球差［J］. 光学学报（Acta Optica Sinica），2022，42（8）：0811002 – 1 – 7.

［3］周立伟. 静电聚焦同心球系统的成像电子光学，C 章：多电极同心球系统的电子光学［J］. 光学学报（Acta Optica Sinica），2022，42（8）：0811003 – 1 – 8.

［4］周立伟. 静电聚焦同心球系统的成像电子光学，D 章：最小弥散圆与最佳像面位置的确定［J］. 光学学报（Acta Optica Sinica），2022，42（8）：0811004 – 1 – 9.

［5］周立伟. 宽束电子光学［M］. 北京：北京理工大学出版社，1993.

［6］L W CHOU（ZHOU LIWEI）. Electron optics of concentric spherical electromagnetic focusing systems［J］. Advances in Electronics and Electron Physics，1979，52：119 – 132.

［7］ZHOU LIWEI. Imaging electron optics of a combined electromagnetic concentric spherical system，part A：paraxial Optics［J］. Acta Optica Sinica，2019，39（4）：0411001 – 1 – 10.

［8］ZHOU LIWEI. Imaging electron optics of a combined electromagnetic concentric spherical system，part B：paraxial aberrations［J］. Acta

Optica Sinica, 2019, 39 (4): 0411002 – 1 – 8.

[9] ZHOU LIWEI. Imaging electron optics of a combined electromagnetic concentric spherical system, part C: approximate solutions of paraxial equation [J]. Acta Optica Sinica, 2019, 39 (4): 0411003 – 1 – 6.

[10] ZHOU LIWEI. Imaging electron optics of a combined electromagnetic concentric spherical system, part D: asymptotic solutions of paraxial equation [J]. Acta Optica Sinica, 2019, 39 (4): 0411004 – 1 – 8.

[11] ZHOU LIWEI. A generalized theory of wide electron beam focusing [J]. Advances in Electronics and Electron Physics, 1985, 64B: 575 – 589.

[12] 周立伟, 金伟其, 倪国强. 曲轴宽电子束聚焦理论的研究 [J]. 光电子学技术, 1988 (4): 8 – 22.

[13] ZHOU LIWEI, FANG ERLUN, NI GUOQIANG, et al, Study of electron optical system design of image tubes in Beijing Institute of Technology [J]. The tenth Symposium on Photoelectronic Image Devices. The Institute of Physics Conference Series. 1991, 121: 385 – 395.

[14] ZHOU LIWEI, ZHANG ZHIQUAN, JIN WEIQI. Some problems of mathematical simulation in optimization design of electrostatic image tubes [J]. SPIE. 1995, 2552: 102 – 115.

[15] 周立伟, 李元, 张智诠, 等. 直接积分法研究电子光学成像系统的时间像差理论 [J]. 物理学报, 2005, 54 (8): 3591 – 3596.

[16] 周立伟, 李元, 张智诠, 等. 静电聚焦同心球系统验证电子光学成像系统的时间像差理论 [J]. 物理学报, 2005, 54 (8): 3597 – 3603.

[17] 周立伟，MONASTYRSKI M A，SCHELEV M Ya，等. 关于 τ 变
分法研究电子光学成像系统的时间像差理论［J］. 电子学报，
2006，34（2）：193 - 197.

[18] 周立伟. 漫谈科学研究的途径［M］//藏绿斋札记——情系科研.
北京：北京理工大学出版社，2016：9 - 27.

参考文献